日本の路線図

TAMAKI MIYATA / MASAKI INOUE / MASAYUKI NISHIMURA

→ INTRO はじめに

　本書は日本全国の鉄道路線図を地域ごとに収録した図録集です。日本には現在190社を超える鉄道事業者がありますが、このうち貨物専門の事業者ならびに鋼索鉄道（ケーブルカー）の事業者を除いたいわゆる公共の鉄道、地下鉄、モノレール、新交通システム各社の公式な路線図を掲載しています。

　全国の鉄道路線図を飽きるまでじっくり眺めてみたいけれど、それらを一覧にした本がない、常々そんな不満を抱いていたわたしたちは、ならば自分たちで作ろうと考え、本書を制作しました。

　掲載にあたっては、なるべく現地駅構内、車内などで一般乗客の目に触れるものを優先しています。これは路線情報だけでなく旅情や人によって郷愁までも感じられればという考えによるものです。なおかつ将来にむけ、2020年時点での路線図の実態を資料として残すことも念頭に置いています（ただし諸般の事情により、収録できなかった路線図や鉄道事業者もあります）。

　本書刊行にあたっては、全国の鉄道事業者各社さまに多大なご協力をいただきました。この場を借りて深謝いたします。

2020年2月　宮田珠己／井上マサキ／西村まさゆき

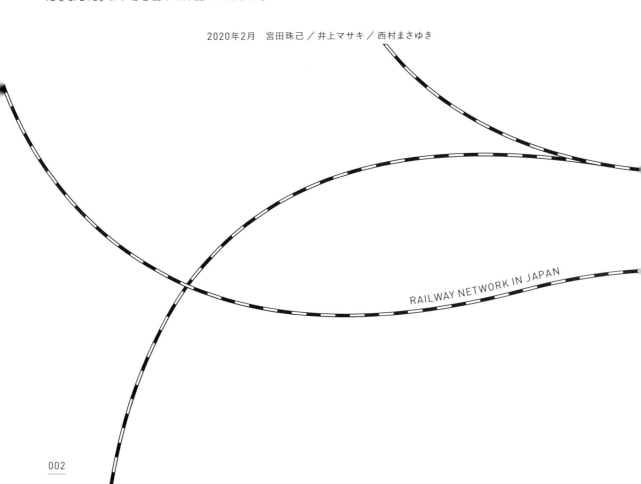

RAILWAY NETWORK IN JAPAN

→ GUIDE 本書の見方

31 埼玉新都市交通
Saitama New Urban Transit Co., Ltd.

社　　名	埼玉新都市交通株式会社	営業キロ	12.7キロ
営業範囲	埼玉県	路 線 数	1路線
営業開始	1983(昭和58)年	駅　　数	13駅

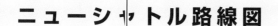

ニューシャトル路線図
NEW SHUTTLE

大宮 Ōmiya	鉄道博物館 Railway Museum	加茂宮 Kamonomiya	東宮原 Higashi-Miyahara	今羽 Komba	吉野原 Yoshinohara	原市 Haraichi	沼南 Shonan	丸山 Maruyama	志久 Shiku	伊奈中央 Ina-Chūō	羽貫 Hanuki	内宿 Uchijuku
NS01	NS02	NS03	NS04	NS05	NS06	NS07	NS08	NS09	NS10	NS11	NS12	NS13
	3	2分	2分	2分	1分	2分	1分	2分	3分	2分	2分	3分
大宮 オオミヤ	鉄道博物館 철도박물관	加茂宮 가모노미야	東宮原 히가시미야하라	今羽 곤바	吉野原 요시노하라	原市 하라이치	沼南 쇼난	丸山 마루야마	志久 시쿠	伊奈中央 이나추오	羽貫 하누키	内宿 우치주쿠

通称(路線名)　　　　　路線(鉄道会社)の詳細情報

路線図

1 「路線図」の解釈について

本書では一般的な路線図のほかに、運賃案内表や停車駅案内図、観光マップなど、駅と駅とのつながりを表現したものを「広義の路線図」と解釈し、掲載の対象としています。また、画像データのほか、駅構内や車内の掲示を撮影し、加工処理したものも含まれています。

2 本書に掲載の路線図について

本書に掲載した路線図は、特に注釈がない限り2020年1月時点のものです。その後、変更や移設されている場合があります。また、路線図は鉄道事業者よりご提供いただいたものから、編集部が任意に選んだものを掲載しています。路線図の著作権は各鉄道事業者に帰属します。なお、本書掲載の内容について各鉄道事業者へのお問い合わせはご遠慮ください。

3 鉄道事業者の詳細情報について

表記の都合上、基本的に以下の基準に沿って記載しています。
「営業開始」：現在の社名となってから最初に営業が開始された年。
「駅数」：路面電車停留所(電停)も「駅」としてカウント。
「営業キロ」など：路線図に記載のないケーブルカーなどは対象外。路線図に記載があるものは対象としています。
なお、鉄道事業者の意向に従い記載しているものもありますので、予めご了承ください。

→ CONTENTS もくじ

北海道・東北地方

1 JR北海道
Hokkaido Railway Company

社　名	北海道旅客鉄道株式会社	営業キロ	2535.9キロ
営業範囲	北海道	路線数	14路線
営業開始	1987（昭和62）年	駅　数	408駅

札幌近郊路線図
JR HOKKAIDO Railway Lines in Sapporo Area

A	快速 快速 쾌속	Rapid Airport
B	快速 快速 쾌속	Rapid Niseko Line
C	区間快速 區間快速 구간쾌속	Semi Rapid Ishikari L
D	区間快速 區間快速 구간쾌속	Semi Rapid Ishikari L
E	普通列車 普通列車 보통열차	Local train

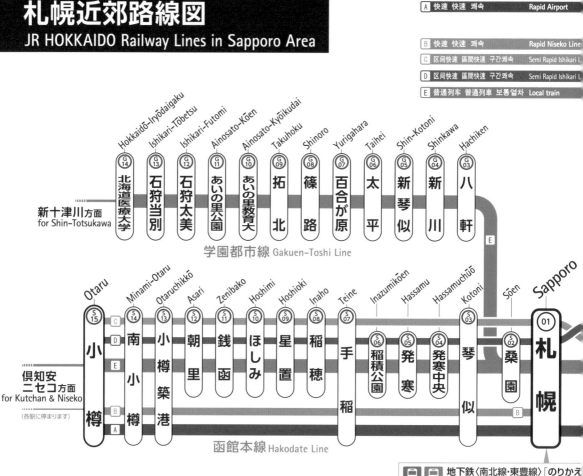

アポート」(小樽〜札幌〜新千歳空港) **Ｕシート** 指定席あり〈別途料金がかかります〉
車のみ、小樽〜札幌間の各駅・白石に停車します。
車のみ、石狩当別〜新千歳空港間を直通運転します。(石狩当別〜札幌間 全車自由席)
コライナー」(蘭越・倶知安〜札幌)

いしかりライナー」(小樽〜札幌〜岩見沢)

駅停車)

下記の区間は〈Kitaca (ICカード) 利用可能エリア〉です
Kitacaは、エリア内相互着に限りご利用になれます。
エリア外への乗り越しや、エリア内への乗り入れ
によるエリア外区間の精算にはご利用になれません。

平成26年3月25日現在

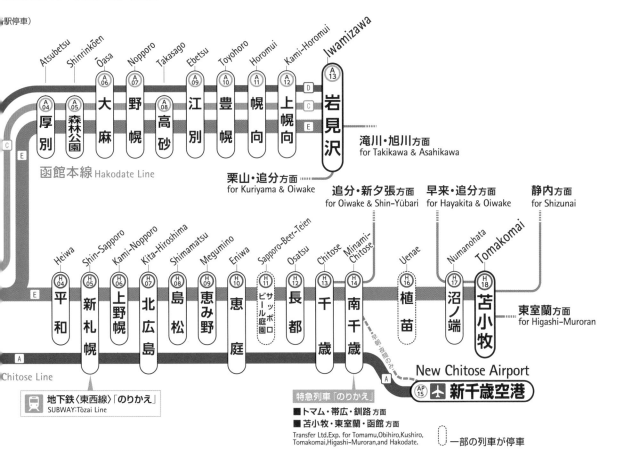

2019年10月現在

札幌市営地下鉄
Sapporo City Transportation Bureau

社　　名	札幌市交通局	営業キロ	48.0キロ
営業範囲	北海道	路線数	3路線
営業開始	1971(昭和46)年	駅　数	49駅

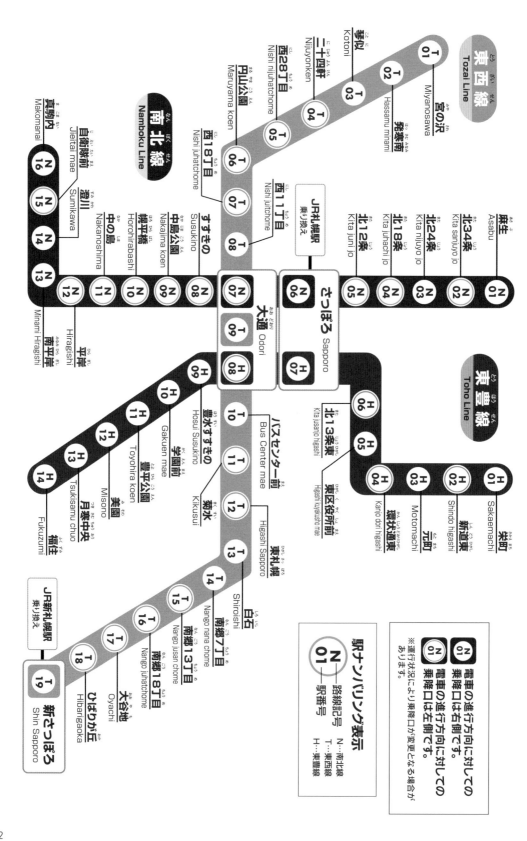

3 札幌市電
Sapporo City Transportation Bureau

社　　名	札幌市交通局	営業キロ	8.9キロ
営業範囲	北海道	路線数	1路線
営業開始	1918（大正7）年	駅　　数	24駅

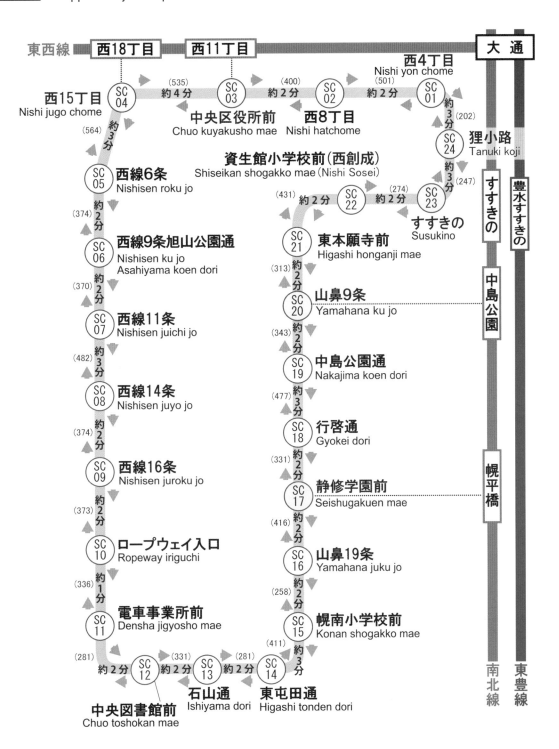

東西線

西18丁目　西11丁目　　　　　　　　　大通

西15丁目
Nishi jugo chome
SC 04　（535）約4分　SC 03　（400）約2分　SC 02　（501）約2分　SC 01

西4丁目
Nishi yon chome

中央区役所前
Chuo kuyakusho mae

西8丁目
Nishi hatchome

（564）約3分

狸小路
Tanuki koji
SC 24　（202）約3分

SC 05　西線6条
Nishisen roku jo

資生館小学校前（西創成）
Shiseikan shogakko mae（Nishi Sosei）

SC 23　（247）約3分

（374）約2分

SC 22　（274）約2分
（431）約2分

すすきの
Susukino

SC 06　西線9条旭山公園通
Nishisen ku jo
Asahiyama koen dori

SC 21　東本願寺前
Higashi honganji mae

（370）約2分

（313）約2分

SC 07　西線11条
Nishisen juichi jo

SC 20　山鼻9条
Yamahana ku jo

（482）約3分

（343）約2分

SC 08　西線14条
Nishisen juyo jo

SC 19　中島公園通
Nakajima koen dori

（374）約2分

（477）約3分

SC 09　西線16条
Nishisen juroku jo

SC 18　行啓通
Gyokei dori

（373）約2分

（331）約2分

SC 10　ロープウェイ入口
Ropeway iriguchi

SC 17　静修学園前
Seishugakuen mae

（336）約1分

（416）約2分

SC 11　電車事業所前
Densha jigyosho mae

SC 16　山鼻19条
Yamahana juku jo

（281）約2分　SC 12　（331）約2分　SC 13　（281）約2分　SC 14

（258）約2分

SC 15　幌南小学校前
Konan shogakko mae

中央図書館前
Chuo toshokan mae

石山通
Ishiyama dori

東屯田通
Higashi tonden dori

（411）約3分

すすきの　豊水すすきの

中島公園　幌平橋

南北線　東豊線

◀は外回り、▶は内回りを表します。　　（　）内の数字は停留場間の距離（単位m）です。
◯は地下鉄との乗継指定停留場です。
※　西4丁目・狸小路・すすきの停留場は、地下鉄大通・すすきの・豊水すすきのの駅のいずれでも乗り継ぎできます。

函館市電 路線図・所要時分

→ 1 → 2 → 4 → 2 → 1 → 3 → 3 → 2 → 1 → 2 → 2 → 1 →

← 3 ← 1 ← 3 ↵ 3 ← 1 ← 1 ← 4 ← 2 ← 2 ← 1 ← 2 ← 1

D 23	D 22	D 21	D Y 20	D Y 19	D Y 18	D Y 17	D Y 16	D Y 15	D Y 14	D Y 13	D Y 12	D Y
函館どつく前 HAKODATE DOCK-MAE	大町 OMACHI	末広町 SUEHIRO-CHO	十字街 JUJIGAI	魚市場通 UOICHIBA-DORI	市役所前 SHIYAKUSYO-MAE	函館駅前 HAKODATE EKIMAE	松風町 MATSUKAZE-CHO	新川町 SHINKAWA-CHO	千歳町 CHITOSE-CHO	昭和橋 SYOWA-BASHI	堀川町 HORIKAWA-CHO	千代台 CHIYODAI

→ 2 → 4 → 3

← 3 ← 2 ← 2

Y 26	Y 25	Y 24
谷地頭 YACHIGASHIRA	青柳町 AOYAGI-CHO	宝来町 HORAI-CHO

貸
1

（所
運行

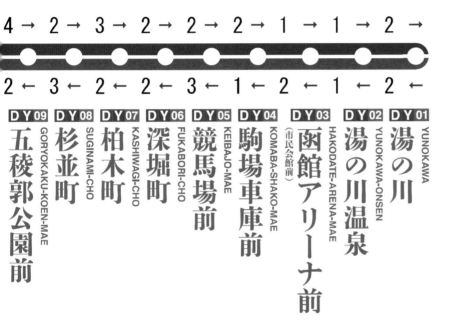

4 → 2 → 3 → 2 → 2 → 2 → 1 → 1 → 2 →

2 ← 3 ← 2 ← 2 ← 3 ← 1 ← 2 ← 1 ← 2 ←

所要時分
The time required
for the station.

停留場番号
Station number

停留場名
Station name

DY09	DY08	DY07	DY06	DY05	DY04	DY03	DY02	DY01
五稜郭公園前	杉並町	柏木町	深堀町	競馬場前	駒場車庫前	函館アリーナ前（市民会館前）	湯の川温泉	湯の川
GORYOKAKU-KOEN-MAE	SUGINAMI-CHO	KASHIWAGI-CHO	FUKABORI-CHO	KEIBAJO-MAE	KOMABA-SHAKO-MAE	HAKODATE-ARENA-MAE	YUNOKAWA-ONSEN	YUNOKAWA

電車のご案内

・ 20,000 円

約1時間30分〜2時間）

等は、ご相談下さい。

函館市企業局交通部
Hakodate City Tram Department

電話 0138-52-1273 （事業課電車担当）

道南いさりび鉄道
South Hokkaido Railway

社　　名	道南いさりび鉄道株式会社	営業キロ	37.8キロ
営業範囲	北海道	路線数	1路線
営業開始	2016（平成28）年	駅　数	12駅

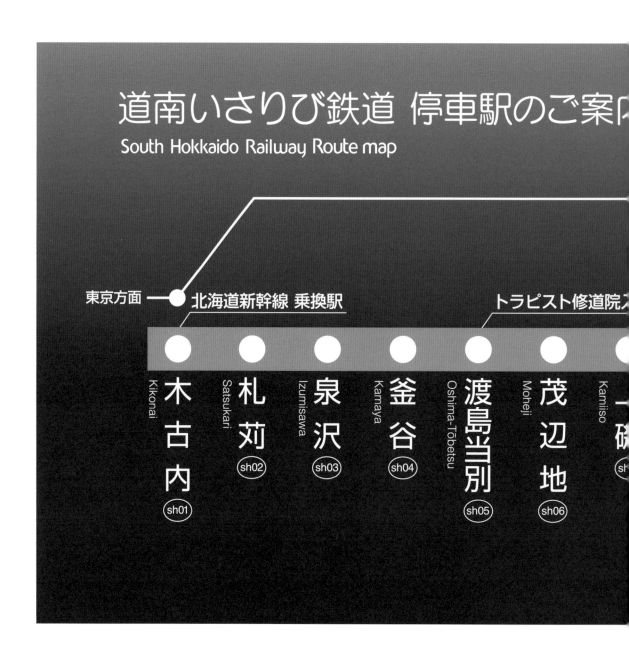

道南いさりび鉄道 停車駅のご案内
South Hokkaido Railway Route map

東京方面 ── 北海道新幹線 乗換駅　　　トラピスト修道院入

Kikonai	Satsukari	Izumisawa	Kamaya	Oshima-Tōbetsu	Moheji	Kamiiso
木古内	札苅	泉沢	釜谷	渡島当別	茂辺地	一磯
sh01	sh02	sh03	sh04	sh05	sh06	sh

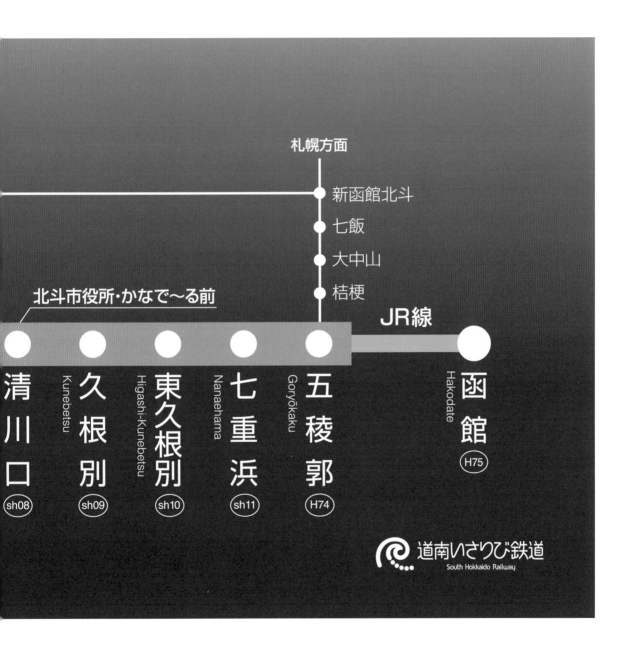

札幌方面

新函館北斗
七飯
大中山
桔梗

JR線

北斗市役所・かなで〜る前

清川口
Kunebetsu
sh08

久根別
Kunebetsu
sh09

東久根別
Higashi-Kunebetsu
sh10

七重浜
Nanaehama
sh11

五稜郭
Goryōkaku
H74

函館
Hakodate
H75

道南いさりび鉄道
South Hokkaido Railway

6 青い森鉄道
AOIMORI RAILWAY Co., Ltd.

社　　名	青い森鉄道株式会社	営業キロ	121.9キロ
営業範囲	青森県	路線数	1路線
営業開始	2002（平成14）年	駅　　数	27駅

路線案内 Route Guide 路線圖 路线图 노선안내

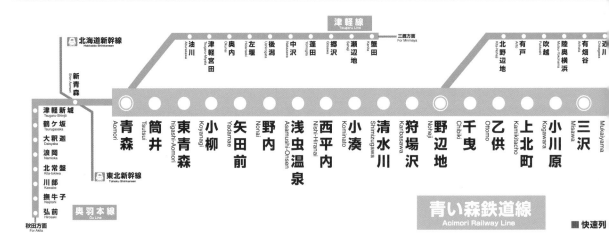

7 IGRいわて銀河鉄道
Iwate Galaxy Railway Co., Ltd.

社　　名	IGRいわて銀河鉄道株式会社	営業キロ	82.0キロ
営業範囲	岩手県	路線数	1路線
営業開始	2002（平成14）年	駅　　数	17駅

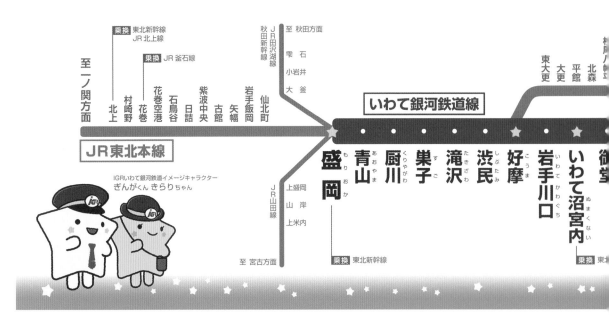

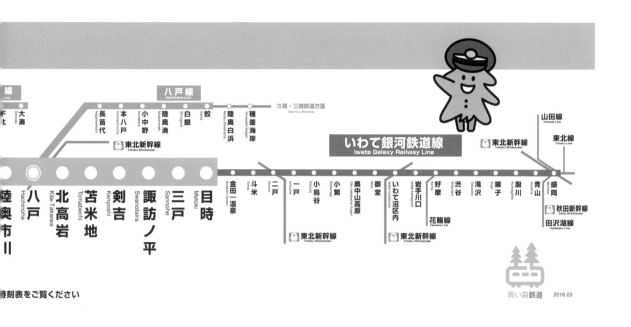

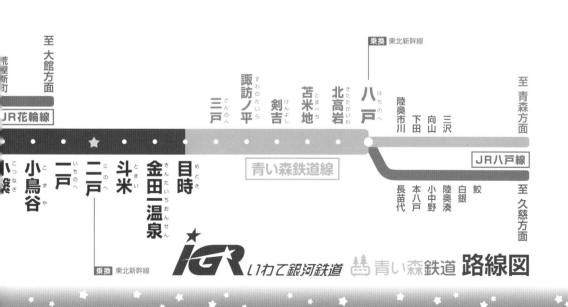

8 津軽鉄道
TSUGARU RAILWAY Co., Ltd.

社　　名	津軽鉄道株式会社	営業キロ	20.7キロ
営業範囲	青森県	路線数	1路線
営業開始	1930(昭和5)年	駅　数	12駅

津軽鉄道 駅名案内図

JR五能線 — 津軽五所川原（つがるごしょがわら） — 十川（とがわ） — 五農校前（ごのうこうまえ） — 津軽飯詰（つがるいいづめ） — 毘沙門（びしゃもん） — 嘉瀬（かせ） — 金木（かなぎ） — 芦野公園（あしのこうえん） — 川倉（かわくら） — 大沢内（おおざわない） — 深郷田（ふこうだ） — 津軽中里（つがるなかさと）

9 弘南鉄道
Konan Railway Co., Ltd.

社　　名	弘南鉄道株式会社	営業キロ	30.7キロ
営業範囲	青森県	路線数	2路線
営業開始	1927(昭和2)年	駅　数	27駅

弘南線

ひろさき 弘前 Hirosaki — ひろさきひがしこうまえ 弘前東高前 Hirosaki Higashikōmae — うんどうこうえんまえ 運動公園前 Undō Kōenmae — にさと 新里 Nisato — たちた 館田 Tachita — ひらか 平賀 Hiraka — はくのうこうこうまえ 柏農高校前 Hakunō Kōkōmae — つがるおのえ 津軽尾上 Tsugaru-Onoe — おのえこうこうまえ 尾上高校前 Onoe Kōkōmae — たんぼあーと 田んぼアート Tanbo Art — いなかだて 田舎館 Inakadate — さかいまつ 境松 Sakaimatsu — くろいし 黒石 Kuroishi

大鰐線

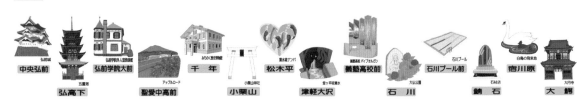

中央弘前 — 弘高下 — 弘前学院大前 — 聖愛中高前 — 千年 — 小栗山 — 松木平 — 津軽大沢 — 義塾高校前 — 石川 — 鯖石 — 宿川原 — 大鰐

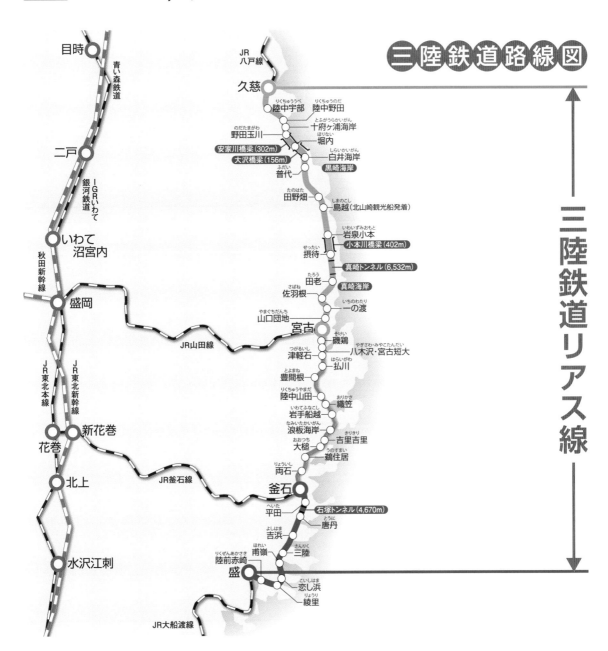

三陸鉄道路線図

三陸鉄道リアス線

11 秋田内陸縦貫鉄道

Akita Nairiku Jukan Tetsudo.

社　名	秋田内陸縦貫鉄道株式会社	営業キロ	94.2キロ
営業範囲	秋田県	路線数	1路線
営業開始	1986(昭和61)年	駅　数	29駅

大館

鷹巣(たかのす)

西鷹巣 (にしたかのす)

小ヶ田 (おがた)

大野台 (おおのだい)

能代

合川(あいかわ)

米内沢 (よないざわ)

上杉
(かみすぎ)

桂瀬 (かつらせ)

前田南
(まえだみなみ)

阿仁前田 (あにまえだ)

小渕 (こぶち)

阿仁合(あにあい)

荒瀬 (あらせ)

萱草 (かやくさ)

笑内 (おかしない)

阿仁(あに)マタギ

岩野目 (いわのめ)

奥阿仁 (おくあに)

比立内
(ひたちない)

戸沢 (とざわ)

上桧木内 (かみひのきない)

左通 (さどおり)

羽後中里 (うごなかざと)

松葉(まつば)

羽後長戸呂
(うごながとろ)

八津 (やつ)

西明寺 (さいみょうじ)

羽後太田 (うごおおた)

角館(かくのだて)

秋田

大曲

社　　名	由利高原鉄道株式会社	営業キロ	23.0キロ
営業範囲	秋田県	路線数	1路線
営業開始	1985(昭和60)年	駅　数	12駅

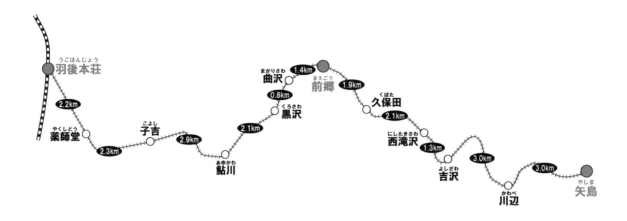

13	山形鉄道
	Yamagata Railway Co., Ltd.

社　　名	山形鉄道株式会社	営業キロ	30.5キロ
営業範囲	山形県	路線数	1路線
営業開始	1988(昭和63)年	駅　数	17駅

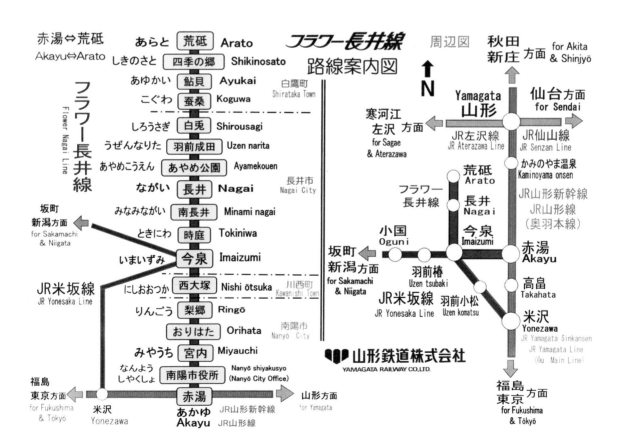

14 仙台市地下鉄

Sendai City Transportation Bureau.

社　　名	仙台市交通局	営業キロ	28.67キロ
営業範囲	宮城県	路線数	2路線
営業開始	1987（昭和62）年	駅　数	29駅

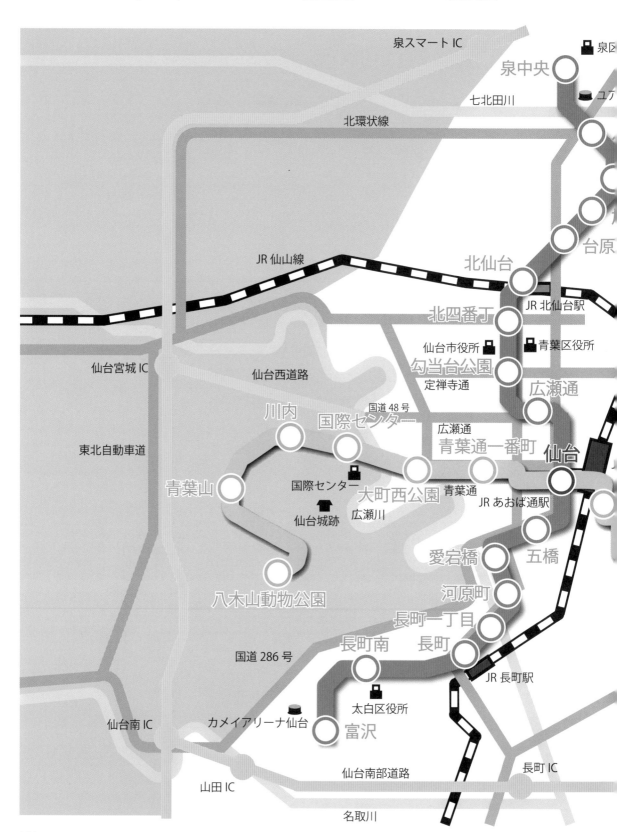

泉スマートIC

泉中央

泉区

七北田川

ユア

北環状線

JR仙山線

北仙台

北四番丁

JR北仙台駅

台原

仙台市役所

青葉区役所

勾当台公園

定禅寺通

広瀬通

川内

国際センター

広瀬通

青葉通一番町

仙台

国道48号

国際センター

仙台宮城IC

仙台西道路

青葉山

大町西公園

青葉通

JRあおば通駅

仙台城跡

広瀬川

東北自動車道

愛宕橋

五橋

八木山動物公園

河原町

長町一丁目

長町南

長町

国道286号

JR長町駅

仙台南IC

カメイアリーナ仙台

太白区役所

富沢

山田IC

仙台南部道路

長町IC

名取川

仙台市地下鉄
SENDAI SUBWAY

ジアム仙台

JR 東北本線

JR 仙石線

国道 45 号

区役所

楽天生命パーク宮城

通

卸町　　六丁の目

荒井

仙台東 IC

薬師堂

役所

仙台東部道路

4 号

今泉 IC

仙台若林 JCT

15 仙台空港鉄道
Sendai Airport Transit Co., Ltd.

社　名	仙台空港鉄道株式会社	営業キロ	17.5キロ
営業範囲	宮城県	路線数	1路線
営業開始	2007(平成19)年	駅　数	8駅

標準所要時間・乗継案内

単位：分
Unit:Minutes

快速列車
Rapid

普通列車
Local

仙台空港 Sendai Airport — 美田園 Mitazono (4) — 杜せきのした Morisekinoshita (7) — 名取 Natori (7/10) — 南仙台 Minami-Sendai (14) — 太子堂 Taishidō (17) — 長町 Nagamachi (19) — 仙台 Sendai (17/25)

名取
東北本線「上り」白石・福島方面
Tōhoku Line
常磐線「上り」亘理・原ノ町方面
Jōban Line

長町
仙台市地下鉄
Sendai Subway

仙台
東北新幹線 Tōhoku Shinkansen
東北本線 Tōhoku Line
常磐線 Jōban Line
仙山線 Senzan Line
仙石線 Senseki Line
仙台市地下鉄 Sendai Subway

仙台空港鉄道株式会社

16 阿武隈急行
Abukuma Express., Ltd.

社　名	阿武隈急行株式会社	営業キロ	54.9キロ
営業範囲	宮城県・福島県	路線数	1路線
営業開始	1986(昭和61)年	駅　数	24駅

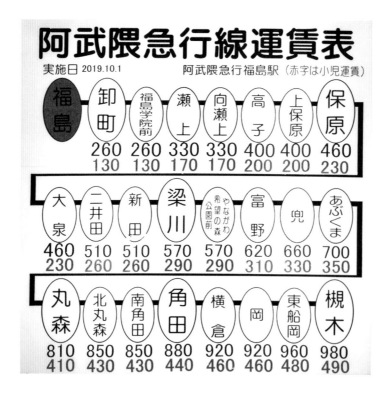

阿武隈急行線運賃表

実施日 2019.10.1　阿武隈急行福島駅（赤字は小児運賃）

福島	卸町	福島学院前	瀬上	向瀬上	高子	上保原	保原
	260	260	330	330	400	400	460
	130	130	170	170	200	200	230

大泉	二井田	新田	梁川	希望の森(やながわ公園前)	富野	兜	あぶくま
460	510	510	570	570	620	660	700
230	260	260	290	290	310	330	350

丸森	北丸森	南角田	角田	横倉	岡	東船岡	槻木
810	850	850	880	920	920	960	980
410	430	430	440	460	460	480	490

17 会津鉄道
Aizu Railway Co., Ltd.

社　名	会津鉄道株式会社	営業キロ	57.4キロ
営業範囲	福島県	路線数	1路線
営業開始	1987(昭和62)年	駅　数	21駅

会津鉄道路線図

○ 有人駅

会津高原尾瀬口
七ヶ岳登山口
会津山村道場
会津荒海
中荒井
会津田島
会津高校前
田島高校前
会津長野
養鱒公園
ふるさと公園
会津下郷
弥五島
塔のへつり
湯野上温泉
芦ノ牧温泉南
大川ダム公園
芦ノ牧温泉
あまや
門田
南若松
西若松
七日町
会津若松
塩川
喜多方

JR

JR

上三依塩原温泉口
湯西川温泉
川治温泉
新藤原
鬼怒川温泉
下今市
新鹿沼
栃木
栗橋
浅草
北千住
新越谷
大宮
池袋
新宿

野岩鉄道　東武鉄道

西若松駅

芦ノ牧温泉駅

福島県

会津下郷駅

会津田島駅

会津高原尾瀬口駅

🅰 会津鉄道

18 福島交通
Fukushima Transportation, Inc.

社　　名	福島交通株式会社	営業キロ	9.2キロ
営業範囲	福島県	路 線 数	1路線
営業開始	1924（大正13）年	駅　　数	12駅

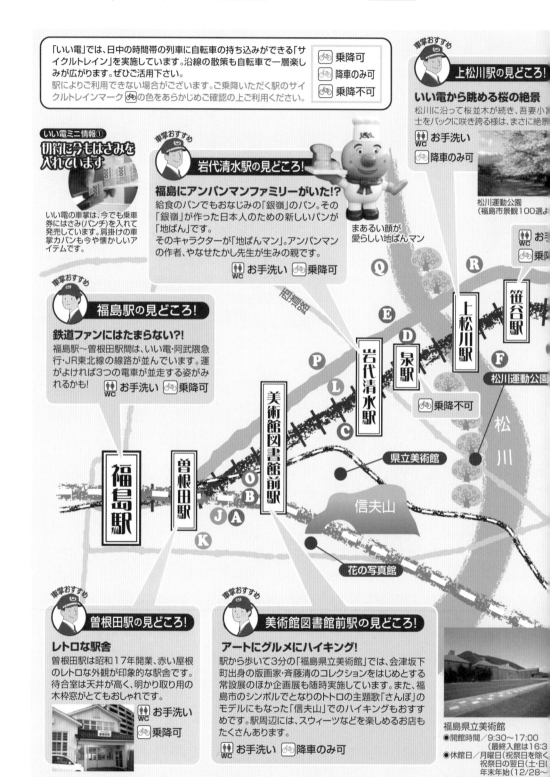

「いい電」では、日中の時間帯の列車に自転車の持ち込みができる「サイクルトレイン」を実施しています。沿線の散策も自転車で一層楽しみが広がります。ぜひご活用下さい。
駅によりご利用できない場合がございます。ご乗降いただく駅のサイクルトレインマーク🚲の色をあらかじめご確認の上ご利用ください。

🚲 乗降可
🚲 降車のみ可
🚲 乗降不可

車掌おすすめ
上松川駅の見どころ！
いい電から眺める桜の絶景
松川に沿って桜並木が続き、吾妻小富士をバックに咲き誇る様は、まさに絶景

WC お手洗い
🚲 降車のみ可

松川運動公園
（福島市景観100選よ

いい電ミニ情報①
切符に今もはさみを入れています
いい電の車掌は、今でも乗車券にはさみ（パンチ）を入れて発売しています。肩掛けの車掌カバンも今や懐かしいアイテムです。

車掌おすすめ
岩代清水駅の見どころ！
福島にアンパンマンファミリーがいた!?
給食のパンでもおなじみの「銀嶺」のパン。その「銀嶺」が作った日本人のための新しいパンが「地ぱん」です。
そのキャラクターが「地ぱんマン」。アンパンマンの作者、やなせたかし先生が生みの親です。

WC お手洗い　🚲 乗降可

まあるい顔が愛らしい地ぱんマン

車掌おすすめ
福島駅の見どころ！
鉄道ファンにはたまらない?!
福島駅〜曽根田駅間は、いい電・阿武隈急行・JR東北線の線路が並んでいます。運がよければ3つの電車が並走する姿がみれるかも！

WC お手洗い　🚲 乗降可

🚲 乗降不可

Q
E
D
R
P
L
C
O
B
J A
K
F

笹谷駅
上松川駅
松川運動公園
岩代清水駅
泉駅
美術館図書館前駅
福島駅
曽根田駅
県立美術館
信夫山
松川
花の写真館

車掌おすすめ
曽根田駅の見どころ！
レトロな駅舎
曽根田駅は昭和17年開業、赤い屋根のレトロな外観が印象的な駅舎です。待合室は天井が高く、明かり取り用の木枠窓がとてもおしゃれです。

WC お手洗い
🚲 乗降可

車掌おすすめ
美術館図書館前駅の見どころ！
アートにグルメにハイキング！
駅から歩いて3分の「福島県立美術館」では、会津坂下町出身の版画家・斉藤清のコレクションをはじめとする常設展のほか企画展も随時実施しています。また、福島市のシンボルでとなりのトトロの主題歌「さんぽ」のモデルにもなった「信夫山」でのハイキングもおすすめです。駅周辺には、スウィーツなどを楽しめるお店もたくさんあります。

WC お手洗い　🚲 降車のみ可

福島県立美術館
●開館時間／9:30〜17:00
　　　　　（最終入館は16:3
●休館日／月曜日（祝祭日を除く
　　　　　祝祭日の翌日（土・日
　　　　　年末年始（12/28〜
●入場料／常設展 一般・大学生2
　　　　　高校生以下 無料
※企画展は展覧会ごとに異なりま
☎024-531-5511

くだもの王国ふくしま！

もの狩りも楽しめます！

3号線と国道115号線を結ぶ、県道上名倉飯坂伊達線の通称「フルーツライン」の沿道には果物畑が広がり、販売店や果物狩りが楽しめる観光果樹園が数多くならんでいます。もも、なし、りんご、さくらんぼ、ぶどうなど四季折々のくだものがとれます。太陽の光がたっぷりつまった福島のくだものは、自慢の一つです。

い電ミニ情報②
遮断機のない
踏切がいっぱい！

平野駅界隈には民家の玄関に通じる踏切（マイ踏切）が20か所近くあります。

フルーツライン

車掌おすすめ

医王寺前駅の見どころ！

源義経に忠誠をつくした佐藤継信・忠信ら佐藤一族の菩提寺

医王寺前駅から歩いて15分の「医王寺」は、中世初期に信夫郡を支配していた佐藤家が菩提寺とした寺で、後年には松尾芭蕉が奥の細道の旅で訪れました。境内には紫陽花の木が植えられ6月頃に見ごろを迎えます。また、寺の古木の一つに、佐藤継信・忠信を失った母乙和御前の深い悲しみが乗り移ったのか、花が開かずに蕾のまま落ちてしまう「乙和の椿」と呼ばれる椿の木があります。

🚻 お手洗い　🚲 降車のみ可

◎開館時間
8:30〜17:00
（季節により変更あり）
◎休み／年末年始
◎料金
大人300円・中高生200円（団体割引あり）
◎問合せ先／☎024-542-3797

🅖 飯坂街道

🚻 お手洗い
🚲 乗降可

医王寺

福島片岡鶴太郎美術館庭園

桜水駅

平野駅

医王寺前駅

🅣 国道13号

花水坂駅

🅝

🅤 🅘 🅗

🚻 お手洗い
🚲 乗降可

桜水駅の見どころ！

ンの聖地！

あり、DVDやいい電グッズもので是非立ち寄ってみてくだ

い 🚲 乗降不可

ふくしま
FUKUSHIMA

た
です

車掌おすすめ

花水坂駅の見どころ！

見下ろすとそこは…

ふくしまの春の時季、医王寺前駅〜花水坂駅間は桃色に彩られた景色が眼下に広がります。運転士達にも人気のスポットです。

🚻 お手洗い　🚲 乗降可

飯坂明治大正ガラス美術館

飯坂温泉駅

飯坂温泉周辺は見どころ満載！
裏面で詳しく紹介しています！！

いい電ミニ情報③
車内の冷房は扇風機？！

いい電には冷房の無い車両もあります。夏場は扇風機と窓全開が冷房代わり？です。

GOOD TRAIN
いい電 車掌おすすめ！
沿線見どころMAP

福島駅から飯坂温泉駅まで23分のローカルな旅

関東地方

19 JR東日本
East Japan Railway Company

社　　名	東日本旅客鉄道株式会社	営業キロ	7401.7キロ
営業範囲	関東・東北・信越地方	路 線 数	69路線
営業開始	1987(昭和62)年	駅　　数	1655駅

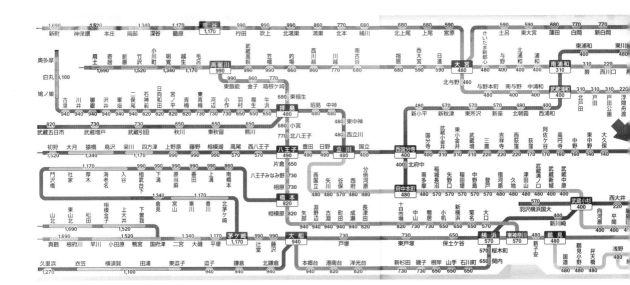

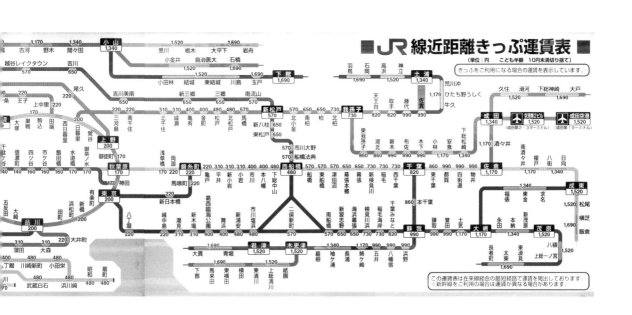

■JR 線近距離きっぷ運賃表 ■

（単位：円　こども半額　10円未満切り捨て）

きっぷをご利用になる場合の運賃を表示しています。

この運賃表は在来線経由の最短経路で運賃を掲出しております。
新幹線をご利用の場合は運賃が異なる場合があります。

新宿駅南口にて撮影。近距離の運賃表であっても多数の駅が記載されている。JR東日本の路線は関東・東北・信越と広範囲に及ぶため、ひとつにまとまった路線図がほとんどない。

20 野岩鉄道
YAGANTETSUDO RAILWAY CO., LTD.

社　名	野岩鉄道株式会社	営業キロ	30.7キロ
営業範囲	福島県・栃木県	路線数	1路線
営業開始	1986(昭和61)年	駅　数	9駅

野岩鉄道

新藤原	龍王峡	川治温泉	川治湯元	湯西川温泉	中三依温泉	上三依塩原温泉口	男鹿高原	会津高原尾瀬口
当駅	200	300	300	520	740	840	1,000	1,090
	100	150	150	260	370	420	500	550

22 関東鉄道
Kanto Railway Co., Ltd.

社　名	関東鉄道株式会社	営業キロ	55.6キロ
営業範囲	茨城県	路線数	2路線
営業開始	1922(大正11)年	駅　数	28駅

常総線停車駅

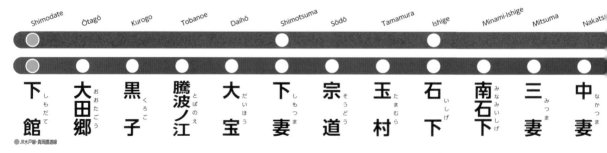

下館（しもだて）　大田郷（おおたごう）　黒子（くろご）　騰波ノ江（とばのえ）　大宝（だいほう）　下妻（しもつま）　宗道（そうどう）　玉村（たまむら）　石下（いしげ）　南石下（みなみいしげ）　三妻（みつま）　中妻（なかつま）

● JR水戸線・真岡鐡道連絡

21 ひたちなか海浜鉄道
Hitachinaka Seaside Railway Co., Ltd.

社　名	ひたちなか海浜鉄道株式会社	営業キロ	14.3キロ
営業範囲	茨城県	路線数	1路線
営業開始	1913（大正2）年	駅　数	10駅

殿山駅にて撮影。

勝田 Katuta	工機前 Kōki-mae	金上 Kaneage	中根 Nakane	高田の鉄橋 Takadano-tekkyō	那珂湊 Nakaminato	当駅 This Station	平磯 Hiraiso	磯崎 Isozaki	阿字ヶ浦 Ajigaura
380	350	310	190	150	150		150	150	190
190	180	160	100	80	80		80	80	100

ご案内　◯ Jōso Line Guide on stops

■ 快速 Rapid　■ 普通 Local

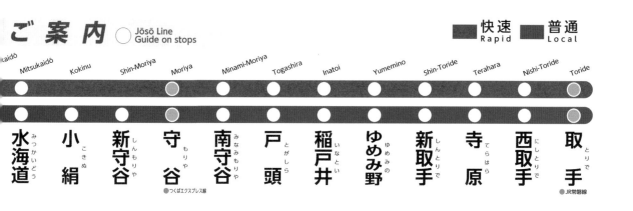

水海道（みつかいどう）・小絹（こきぬ）・新守谷（しんもりや）・守谷（もりや）・南守谷（みなみもりや）・戸頭（とがしら）・稲戸井（いなとい）・ゆめみ野（ゆめみの）・新取手（しんとりで）・寺原（てらはら）・西取手（にしとりで）・取手（とりで）

●つくばエクスプレス線　●JR常磐線

23 鹿島臨海鉄道
Kashima Rinkai Tetsudo Co., Ltd.

社　名	鹿島臨海鉄道株式会社	営業キロ	53.0キロ
営業範囲	茨城県	路線数	1路線
営業開始	1985（昭和60）年	駅　数	13駅

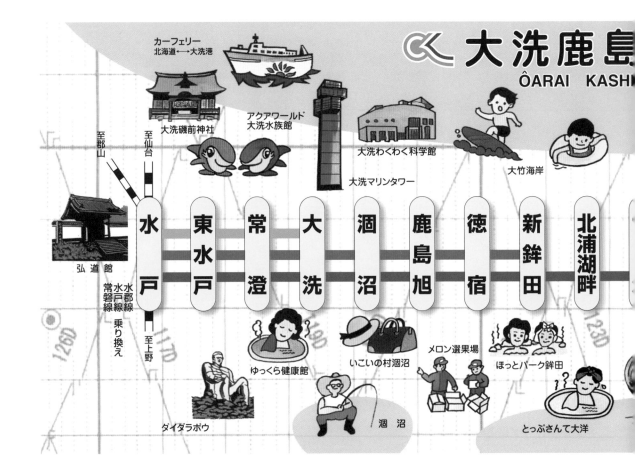

カーフェリー
北海道←→大洗港

大洗磯前神社

アクアワールド
大洗水族館

大洗わくわく科学館

大洗マリンタワー

大竹海岸

大洗鹿島
ÔARAI KASHI

至郡山
至仙台
至上野

弘道館

水郡線
水戸線
常磐線
乗り換え

ゆっくら健康館

ダイダラボウ

いこいの村涸沼

涸沼

メロン選果場

ほっとパーク鉾田

とっぷさんて大洋

水戸　東水戸　常澄　大洗　涸沼　鹿島旭　徳宿　新鉾田　北浦湖畔

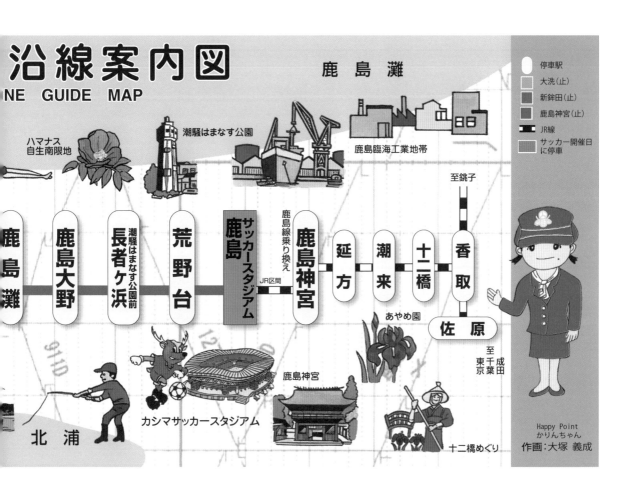

沿線案内図
NE GUIDE MAP

鹿島灘

停車駅
大洗(止)
新鉾田(止)
鹿島神宮(止)
JR線
サッカー開催日
に停車

ハマナス
自生南限地

潮騒はまなす公園

鹿島臨海工業地帯

至銚子

鹿島灘

鹿島大野

潮騒はまなす公園前
長者ケ浜

荒野台

サッカースタジアム
鹿島

鹿島線乗り換え

鹿島神宮

JR区間

延方

潮来

十二橋

香取

佐原

あやめ園

至
東京　千葉　成田

北浦

カシマサッカースタジアム

鹿島神宮

十二橋めぐり

Happy Point
かりんちゃん
作画：大塚 義成

24 真岡鐵道
Moka Railway

社　　名	真岡鐵道株式会社	営業キロ	41.9キロ
営業範囲	栃木県・茨城県	路線数	1路線
営業開始	1988（昭和63）年	駅　数	17駅

◎ 有人駅
○ 無人駅
※SLは黄色で塗りつぶされた駅に停車します。
---- 県境
── 市町村境界

真岡鐵道真岡線

栃木県

市貝町
芳賀町
笹原田
天矢場
市塙　　　茂木
多田羅
茂木町
七井
益子
北真岡　北山
西田井　　益子町
真岡
寺内
真岡市
久下田
ひぐち
折本　　筑西市
下館二高前
下館
至小山
至守谷・取手
関東鉄道常総線
JR水戸線
至水戸
茨城県

25 わたらせ渓谷鐵道
Watarase Keikoku Railway Co., Ltd.

社　　名	わたらせ渓谷鐵道株式会社	営業キロ	44.1キロ
営業範囲	群馬県・栃木県	路線数	1路線
営業開始	1911（明治44）年	駅　　数	17駅

わたらせ渓谷鐵道
WATARASE KEIKOKU RAILWAY

JR日光駅 JR NIKKŌ Stn.
東武日光駅 TŌBU NIKKŌ Stn. TN25
日光市営バス NIKKO CITY BUS

間藤 MATO
足尾 ASHIO WK17
通洞 TSUDO WK16
原向 HARAMUKO WK15
沢入 SORI WK14
神戸 GODO WK13
小中 KONAKA WK12
中野 NAKANO WK11
WK10
花輪 HANAWA WK09
水沼 MIZUNUMA WK08
本宿 MOTOJUKU WK07
上神梅 KAMI-KAMBAI WK06
大間々 OMAMA WK05
運動公園 UNDO-KOEN WK04
相老 AIOI WK03
下新田 SHIMO-SHINDEN WK02
桐生 KIRYU WK01

足尾銅山観光 ASHIO COPPER MINE MUSEUM
レストラン清流 RESTAURANT SEIRYU
富弘美術館 TOMIHIRO ART MUSEUM
水沼駅温泉センター HOT SPRING FACILITY AT MIZUNUMA STATION
高津戸峡「はねたき橋」 TAKATSUDO VALLEY
トロッコわたらせ渓谷号 TOROKKO WATARASE KEIKOKU-GO

至 浅草・とうきょうスカイツリー・北千住方面 BOUND FOR ASAKUSA(TS01) TOKYO-SKYTREE(TS02) KITA-SENJU(TS09)
東武鉄道 TOBU LINE TI56
至 高崎方面 BOUND FOR TAKASAKI
JR両毛線 JR RYOMO LINE
至 小山方面 BOUND FOR OYAMA

わたらせ渓谷鐵道のキャラクター
わ瀬のわっしー WASSHI

---

26 上信電鉄
Joshin Dentetsu

社　　名	上信電鉄株式会社	営業キロ	33.7キロ
営業範囲	群馬県	路線数	1路線
営業開始	1897（明治30）年	駅　　数	21駅

高崎 － 南高崎 － 佐野のわたし － 根小屋 － 高崎商科大学前 － 山名 － 西山名 － 馬庭 － 吉井 － 西吉井 － 上州新屋 － 上州福島 － 東富岡 － 上州富岡 － 西富岡 － 上州七日市 － 上州一ノ宮 － 神農原 － 南蛇井 － 千平 － 下仁田

27 秩父鉄道
Chichibu Railway Co., Ltd.

社　　名	秩父鉄道株式会社	営業キロ	71.7キロ
営業範囲	埼玉県	路線数	1路線
営業開始	1901（明治34）年	駅　数	37駅

秩父鉄道路線図

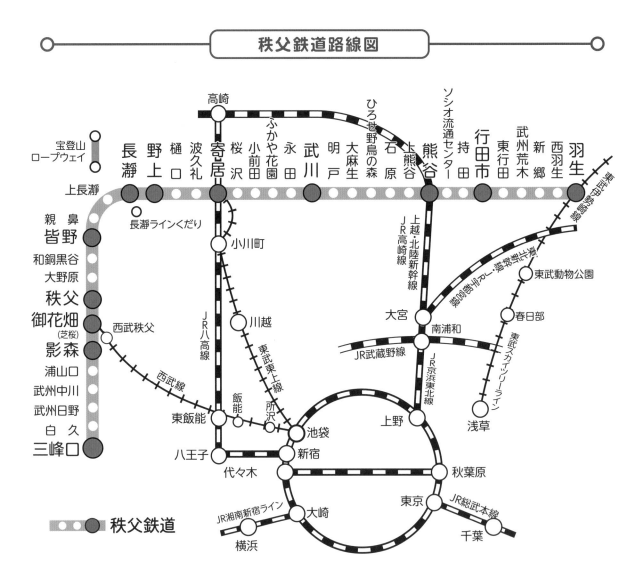

秩父鉄道

28 つくばエクスプレス

Metropolitan Intercity Railway Company.

社　名	首都圏新都市鉄道株式会社	営業キロ	58.3キロ
営業範囲	東京都・埼玉県・千葉県・茨城県	路線数	1路線
営業開始	2005（平成17）年	駅　数	20駅

のりかえ路線図 Railway Network

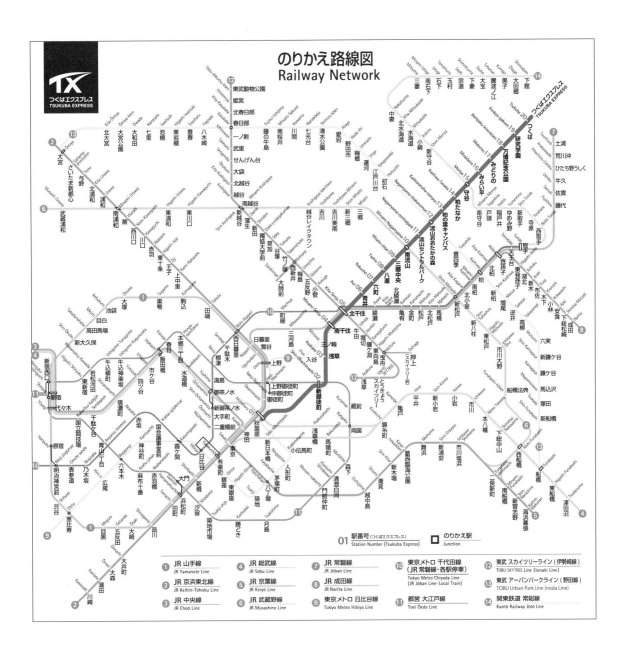

駅番号（つくばエクスプレス）
01 Station Number (Tsukuba Express)

□ **のりかえ駅**
Junction

① **JR 山手線** JR Yamanote Line
② **JR 京浜東北線** JR Keihin-Tohoku Line
③ **JR 中央線** JR Chuo Line
④ **JR 総武線** JR Sobu Line
⑤ **JR 京葉線** JR Keiyo Line
⑥ **JR 武蔵野線** JR Musashino Line
⑦ **JR 常磐線** JR Joban Line
⑧ **JR 成田線** JR Narita Line
⑨ **東京メトロ 日比谷線** Tokyo Metro Hibiya Line
⑩ **東京メトロ 千代田線（JR 常磐線・各駅停車）** Tokyo Metro Chiyoda Line (JR Joban Line・Local Train)
⑪ **都営 大江戸線** Toei Oedo Line
⑫ **東武 スカイツリーライン（伊勢崎線）** TOBU SKYTREE Line (Isesaki Line)
⑬ **東武 アーバンパークライン（野田線）** TOBU Urban Park Line (noda Line)
⑭ **関東鉄道 常総線** Kanto Railway Joso Line

29 東武鉄道
TOBU RAILWAY CO., LTD.

社　　名	東武鉄道株式会社	営業キロ	463.3キロ
営業範囲	関東地方	路 線 数	12路線
営業開始	1899（明治32）年	駅　　数	206駅

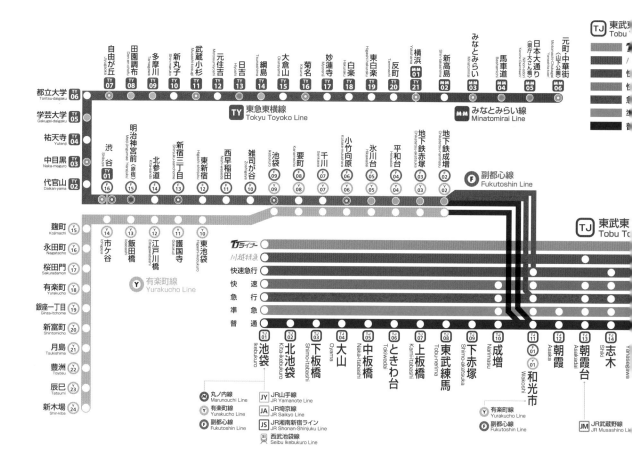

東武東上線停車駅ごあんない
Tobu Tojo Line Stop Guide
(2019年3月16日現在)

副都心線直通
F Fukutoshin Line

急行・通勤急行停車駅 **F**
Express, Commuter Express

急行停車駅 **F**
Express

通勤急行停車駅
Commuter Express

東急東横線
TY Tokyu Toyoko Line

特急・通勤特急・急行停車駅 **F**
Limited Express, Commuter Express, Express

通勤特急・急行停車駅
Commuter Express, Express

急行停車駅
Express

有楽町線直通
Y Yurakucho Line

みなとみらい線
MM Minatomirai Line

特急・通勤特急・急行停車駅 **F**
Limited Express, Commuter Express, Express

通勤特急・急行停車駅
Commuter Express, Express

Fライナーの運行
F Liner Service

	特急 Limited Express	急行 Express	急行 Express
Express			
MM みなとみらい線 Minatomirai Line	**TY** 東急東横線 Tokyu Toyoko Line	**F** 副都心線直通 Fukutoshin Line	**TJ** 東武東上線 Tobu Tojo Line

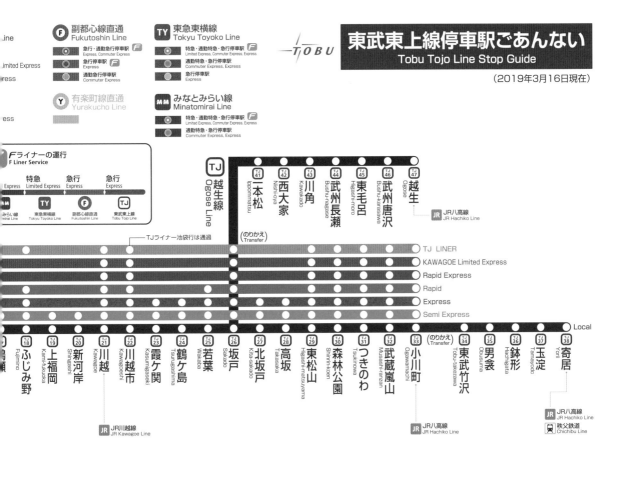

JR八高線
JR Hachiko Line

JR川越線
JR Kawagoe Line

JR八高線
JR Hachiko Line

JR八高線
JR Hachiko Line

秩父鉄道
Chichibu Line

30 西武鉄道
SEIBU RAILWAY Co., Ltd.

社　　名	西武鉄道株式会社	営業キロ	176.6キロ
営業範囲	東京都・埼玉県	路線数	12路線
営業開始	1915（大正4）年	駅　数	92駅

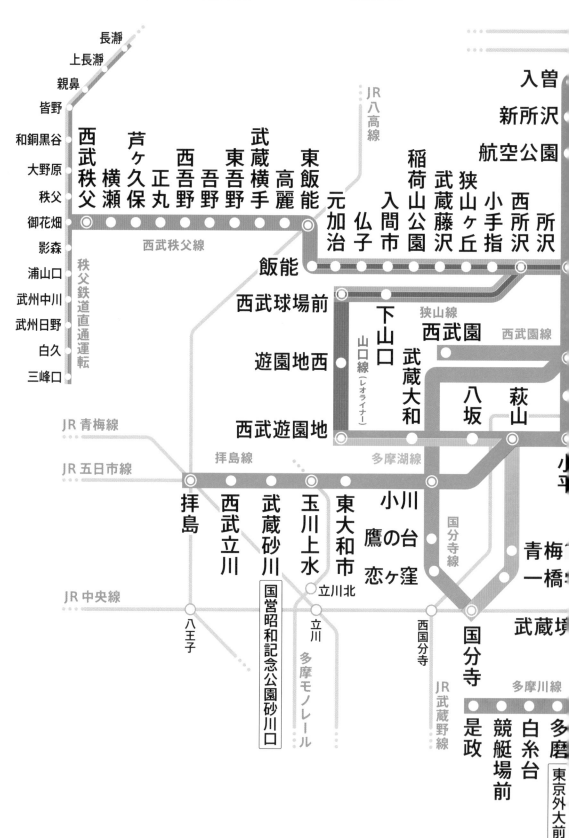

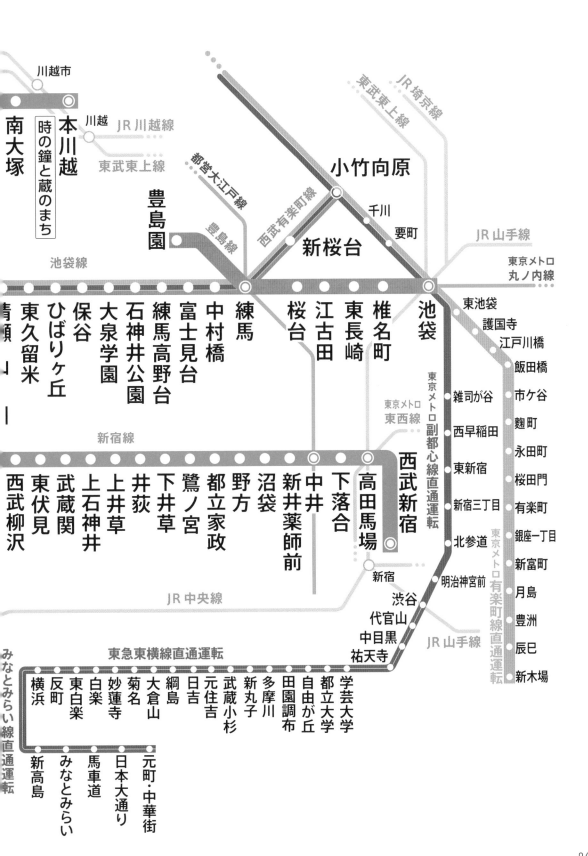

31 埼玉新都市交通
Saitama New Urban Transit Co., Ltd.

社　　名	埼玉新都市交通株式会社	営業キロ	12.7キロ
営業範囲	埼玉県	路 線 数	1路線
営業開始	1983(昭和58)年	駅　　数	13駅

ニューシャトル路線図　　　　//// NEW SHUTTLE

大宮 Omiya		鉄道博物館 Railway Museum		加茂宮 Kamonomiya		東宮原 Higashi-Miyahara		今羽 Komba		吉野原 Yoshinohara		原市 Haraichi		沼南 Shōnan		丸山 Maruyama		志久 Shiku		伊奈中央 Ina-Chūō		羽貫 Hanuki		内宿 Uchijuku
NS01	3	NS02	2分	NS03	2分	NS04	2分	NS05	1分	NS06	2分	NS07	1分	NS08	2分	NS09	3分	NS10	2分	NS11	2分	NS12	3分	NS13

大宮 オミヤ／鉄道博物館 鉄道博物館／加茂宮 ガモノミヤ／東宮原 ひがしみやはら／今羽 ごんば／吉野原 よしのはら／原市 はらいち／沼南 ショウナン／丸山 まるやま／志久 シク／伊奈中央 イナチュオ／羽貫 ハヌキ／内宿 ウチジュク

32 流鉄
Ryutetsu Co., Ltd.

社　　名	流鉄株式会社	営業キロ	5.7キロ
営業範囲	千葉県	路 線 数	1路線
営業開始	1916(大正5)年	駅　　数	6駅

流鉄 流山線 路線図
Ryutetsu Nagareyama Line Route Map

| RN1 馬橋 まばし MABASHI | 3分 | RN2 幸谷 こうや KŌYA | 2分 | RN3 小金城趾 こがねじょうし KOGANE-JŌSHI | 2分 | RN4 鰭ヶ崎 ひれがさき HIREGASAKI | 3分 | RN5 平和台 へいわだい HEIWADAI | 1分 | RN6 流山 ながれやき NAGAREYAMA |

流鉄 流山線 路線図
Ryutetsu Nagareyama Line Route Map

| RN6 流山 ながれやき NAGAREYAMA | 1分 | RN5 平和台 へいわだい HEIWADAI | 3分 | RN4 鰭ヶ崎 ひれがさき HIREGASAKI | 2分 | RN3 小金城趾 こがねじょうし KOGANE-JŌSHI | 2分 | RN2 幸谷 こうや KŌYA | 3分 | RN1 馬橋 まばし MABASHI |

33 東葉高速鉄道
TOYO RAPID RAILWAY

社　　名	東葉高速鉄道株式会社	営業キロ	16.2キロ
営業範囲	千葉県	路線数	1路線
営業開始	1996（平成8）年	駅　　数	9駅

数字は駅間営業キロ程

西船橋　にしふなばし
東海神　ひがしかいじん
飯山満　はさま
北習志野　きたならしの
船橋日大前　ふなばしにちだいまえ
八千代緑が丘　やちよみどりがおか
八千代中央　やちよちゅうおう
村上　むらかみ
東葉勝田台　とうようかつただい

2.1　4.0　2.0　1.7　1.2　2.8　1.4　1.0

東 葉 高 速 線

34 山万
Yamaman Co., Ltd.

社　　名	山万株式会社	営業キロ	4.1キロ
営業範囲	千葉県	路線数	1路線
営業開始	1982（昭和57）年	駅　　数	6駅

▌山万ユーカリが丘線　路線図

ユーカリが丘
地区センター
公園
井野
女子大
中学校

1.5分　1.5分　2分　2分　2分　2分

車内の忘れ物など
公園駅（駅務本部）
☎ 043-487-5036

■京成本線
●ユーカリプラザ・シネマサンシャイン
●ウィシュトンホテルユーカリ

●イオンタウンユーカリが丘
●アクアユーカリ / ユーカリボウル

●志津コミュニティセンター

●和洋女子大学 佐倉ゼミナーハウス
●佐倉市立小竹小学校

●佐倉市立青菅小学校
●佐倉市立井野中学校
●生鮮市場てらお　ユーカリが丘店

不動産会社である山万が運営する新交通システム。
ユーカリが丘ニュータウン内の利便性を目的に建設され、
虫眼鏡のような経路を周回する様子が路線図でもわかる。

列車交換を行う島式ホームも描かれた路線図。
幸谷駅はマンションの一階にホームが設けられ
ており、イラストでもその様子が再現されている。

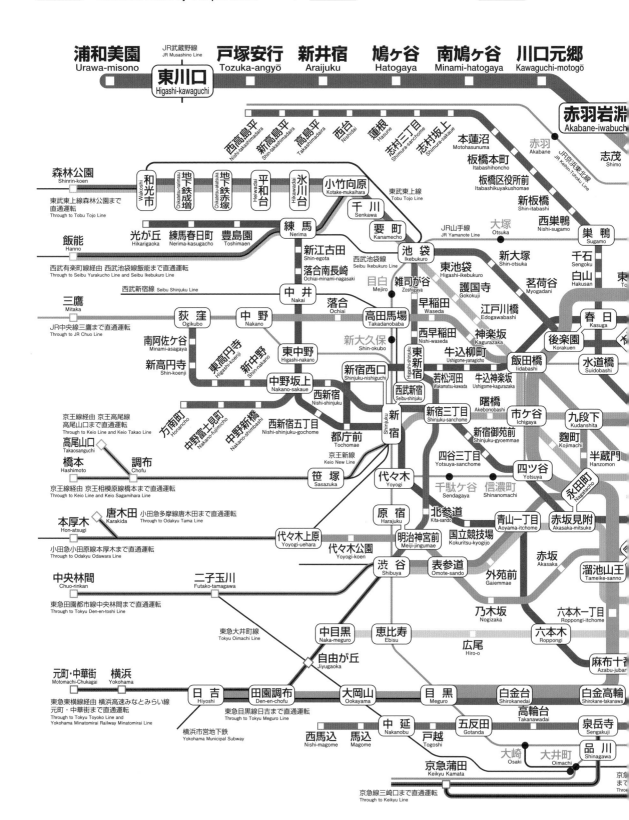

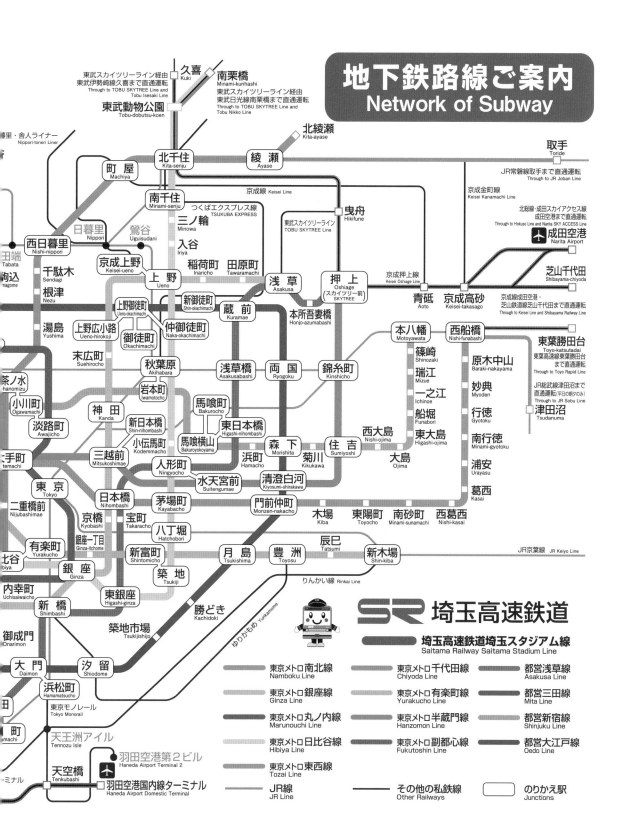

地下鉄路線ご案内
Network of Subway

SR 埼玉高速鉄道
埼玉高速鉄道埼玉スタジアム線
Saitama Railway Saitama Stadium Line

東京メトロ南北線
Namboku Line

東京メトロ千代田線
Chiyoda Line

都営浅草線
Asakusa Line

東京メトロ銀座線
Ginza Line

東京メトロ有楽町線
Yurakucho Line

都営三田線
Mita Line

東京メトロ丸ノ内線
Marunouchi Line

東京メトロ半蔵門線
Hanzomon Line

都営新宿線
Shinjuku Line

東京メトロ日比谷線
Hibiya Line

東京メトロ副都心線
Fukutoshin Line

都営大江戸線
Oedo Line

東京メトロ東西線
Tozai Line

JR線
JR Line

その他の私鉄線
Other Railways

のりかえ駅
Junctions

36 京成電鉄
Keisei Electric Railway Co., Ltd.

社　　名	京成電鉄株式会社	営業キロ	152.3キロ
営業範囲	東京都・千葉県	路線数	7路線
営業開始	1912（大正元）年	駅　　数	69駅

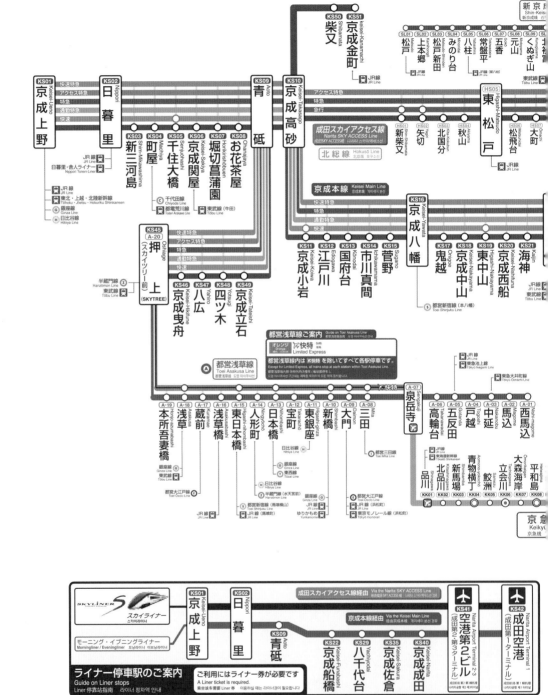

■ 北総鉄道

営業範囲	東京都・千葉県	営業キロ	32.3キロ
営業開始	1979(昭和54)年	路線・駅数	1路線・15駅

■ 芝山鉄道

営業範囲	千葉県	営業キロ	2.2キロ
営業開始	2002(平成14)年	路線・駅数	1路線・2駅

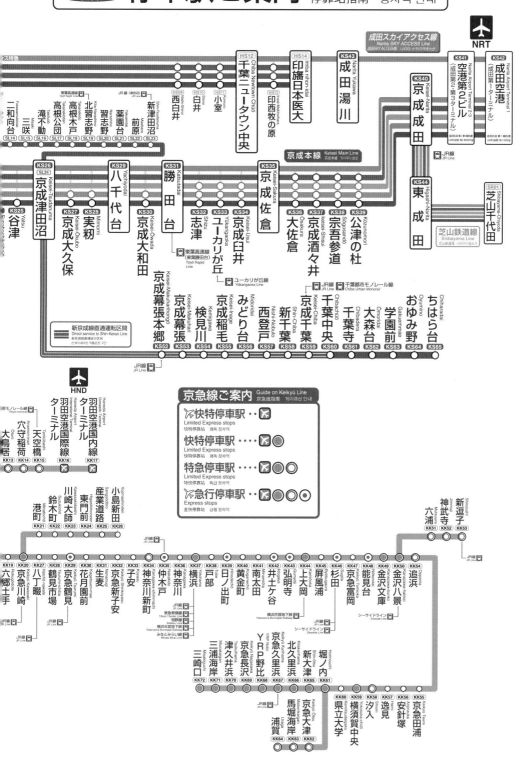

37 新京成電鉄

Shin-keisei Electric Railway Co., Ltd.

社　　名	新京成電鉄株式会社	営業キロ	26.5キロ
営業範囲	千葉県	路線数	1路線
営業開始	1947（昭和22）年	駅　数	24駅

ACCESS MAP
新京成沿線マップ

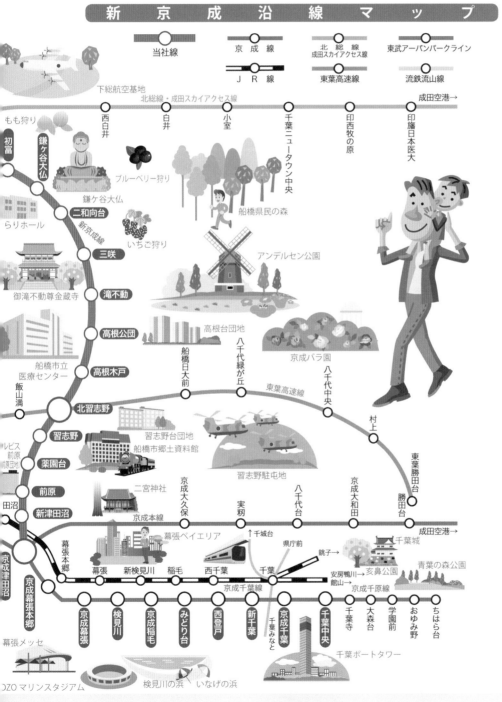

当社線　京成線　北総線・成田スカイアクセス線　東武アーバンパークライン　JR線　東葉高速線　流鉄流山線

38 千葉都市モノレール
Chiba Urban Monorail Co., Ltd.

社　名	千葉都市モノレール株式会社	営業キロ	15.2キロ
営業範囲	千葉県	路線数	2路線
営業開始	1988（昭和63）年	駅　数	18駅

入国管理局は市役所前駅が
最寄駅です。
3・4番線の電車をご利用下さい。
Shiyakushomae Station is the closest station
to the Immigration Bureau.
Board trains on tracks 3 or 4.

数字は所要時間（分）
The numbers represent trip time (in minutes)

のりかえに要する時間は含みません
Does not include the time required to change trains.

25 — CM15 千城台 Chishirodai

23 — CM14 千城台北 Chishirodaikita

21 — CM13 小倉台 Oguradai

19 — CM12 桜木 Sakuragi

17 — CM11 都賀 Tsuga —— 🚆 JR線 JR Line

14 — CM10 みつわ台 Mitsuwadai

12 — CM09 動物公園 Dōbutsukōen (Zoological Park)

10 — CM08 スポーツセンター Sports Center

8 — CM07 穴川 Anagawa

6 — CM06 天台 Tendai

4 — CM05 作草部 Sakusabe

3 — CM04 千葉公園 Chibakōen

CM03 千葉 Chiba —— 🚆 JR線 JR Line　🚆 京成線 Keisei Line

5 — CM18 県庁前 Kenchōmae (Pref.Office)

4 — CM17 葭川公園 Yoshikawakōen

2 — CM16 栄町 Sakaechō

1番線
Track No.1
1号站台
1번 승강장

2 **2** — CM02 市役所前 Shiyakushomae (City Hall)

4 **4** — CM01 千葉みなと Chibaminato —— 🚆 JR線 JR Line

2番線
Track No.2
2号站台
2번 승강장

3・4番線
Track No.3・4
3・4号站台
3・4번 승강장

3・4番線
Track No.3・4
3・4号站台
3・4번 승강장

39 いすみ鉄道
Isumi Railway Co., Ltd.

社　名	いすみ鉄道株式会社	営業キロ	26.8キロ
営業範囲	千葉県	路線数	1路線
営業開始	1988(昭和63)年	駅　数	14駅

いすみ鉄道路線図

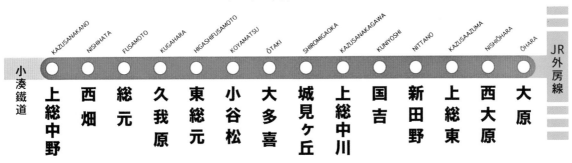

KAZUSANAKANO 上総中野 小湊鐵道
NISHIHATA 西畑
FUSAMOTO 総元
KUGAHARA 久我原
HIGASHIFUSAMOTO 東総元
KOYAMATSU 小谷松
ŌTAKI 大多喜
SHIROMIGAOKA 城見ケ丘
KAZUSANAKAGAWA 上総中川
KUNIYOSHI 国吉
NITTANO 新田野
KAZUSAAZUMA 上総東
NISHIŌHARA 西大原
ŌHARA 大原 JR外房線

40 銚子電気鉄道
Choshi Electric Railway Co., Ltd.

社　名	銚子電気鉄道株式会社	営業キロ	6.4キロ
営業範囲	千葉県	路線数	1路線
営業開始	1923(大正12)年	駅　数	9駅

銚子電気鉄道　路線図

Choshi 銚子 JR 総武本線 成田線
Nakanocho 仲ノ町
Kannon 観音
Motochoshi 本銚子
Kasagami kurohae 笠上黒生
Nishi ashikajima 西海鹿島
Ashikajima 海鹿島
kimigahama 君ケ浜
Inubo 犬吠
Tokawa 外川

41 東京メトロ
Tokyo Metro Co., Ltd.

社　　名	東京地下鉄株式会社	営業キロ	195.1キロ
営業範囲	東京都・千葉県・埼玉県	路 線 数	9路線
営業開始	1927（昭和2）年	駅　　数	179駅

DESIGNED by ぴあ株式会社

メトロネットワーク
Metro Network

42 都営地下鉄

Bureau of Transportation, Tokyo Metropolitan Government

社　　名	東京都交通局	営業キロ	109.0キロ
営業範囲	東京都・千葉県	路線数	4路線
営業開始	1960（昭和35）年	駅　数	106駅

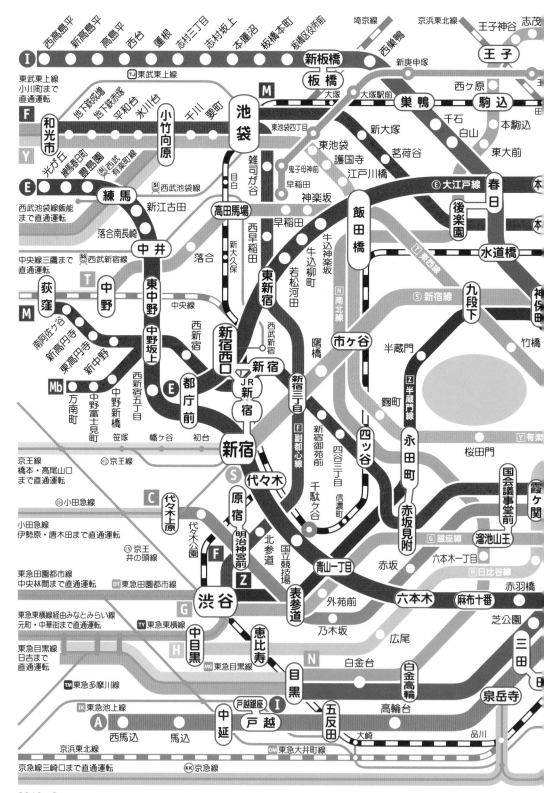

2019.3

■ 東京さくらトラム（都電荒川線）

営業範囲	東京都	営業キロ	12.2キロ
営業開始	1911（明治44）年	路線・駅数	1路線・30駅

■ 日暮里・舎人ライナー

営業範囲	東京都	営業キロ	9.7キロ
営業開始	2008（平成20）年	路線・駅数	1路線・13駅

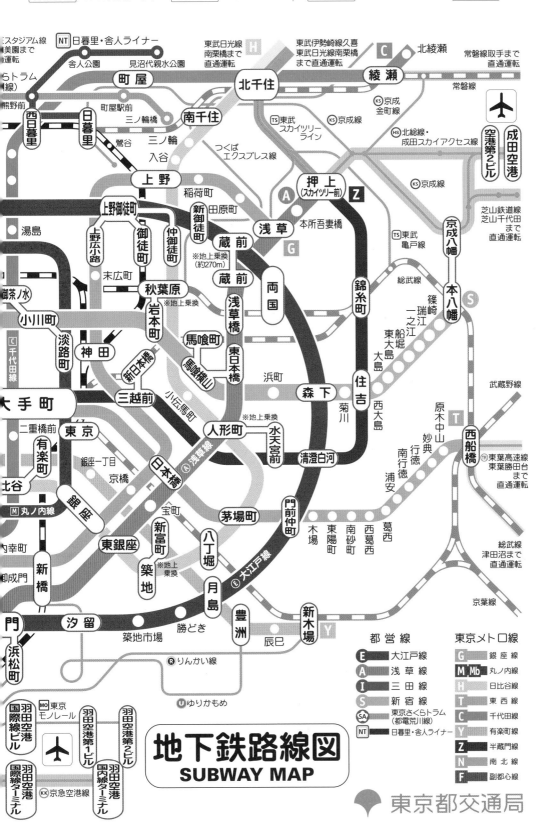

地下鉄路線図
SUBWAY MAP

東京都交通局

都営線		東京メトロ線	
E	大江戸線	G	銀座線
A	浅草線	M Mb	丸ノ内線
I	三田線	H	日比谷線
S	新宿線	T	東西線
SA	東京さくらトラム（都電荒川線）	C	千代田線
NT	日暮里・舎人ライナー	Y	有楽町線
		Z	半蔵門線
		N	南北線
		F	副都心線

43 ゆりかもめ
YURIKAMOME Inc.

社　　名	株式会社ゆりかもめ	営業キロ	14.7キロ
営業範囲	東京都	路線数	1路線
営業開始	1995(平成7)年	駅　　数	16駅

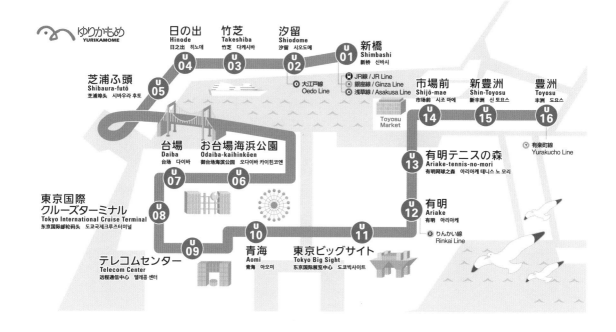

45 多摩都市モノレール
Tokyo Tama Intercity Monorail Co., LTD.

社　　名	多摩都市モノレール株式会社	営業キロ	16.0キロ
営業範囲	東京都	路線数	1路線
営業開始	1998(平成10)年	駅　　数	19駅

多摩モノレール 路線案内 Route Map

上北台 Kamikitadai	桜街道 Sakurakaido	玉川上水 Tamagawajosui	砂川七番 Sunagawa-Nanaban	泉体育館 Izumi-Taiikukan	立飛 Tachihi	高松 Takamatsu	立川北 Tachikawa-Kita	立川南 Tachikawa-Minami	柴崎 Shi
TT19	TT18	TT17	TT16	TT15	TT14	TT13	TT12	TT11	TT10

西武拝島線 Seibu Haijima Line

JR中央線・青梅線 JR Chuo Line/Ome Line
JR南武線 JR Nambu
JR中央線 JR Chuo Line

44 東京臨海高速鉄道

TOKYO WATERFRONT AREA RAPID TRANSIT, INC.

社　　名	東京臨海高速鉄道株式会社	営業キロ	12.2キロ
営業範囲	東京都	路線数	1路線
営業開始	1996(平成8)年	駅　数	8駅

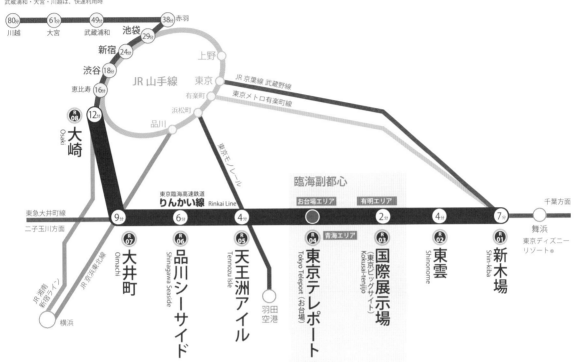

JR 埼京線 川越線
時間は、東京テレポート駅からの標準所要時分
武蔵浦和・大宮・川越は、快速利用時

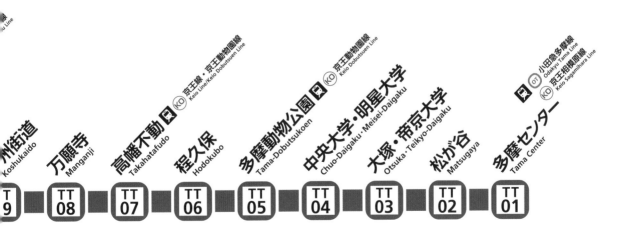

46 京王電鉄
Keio Corporation

社　　名	京王電鉄株式会社	営業キロ	84.7キロ
営業範囲	東京都・神奈川県	路線数	6路線
営業開始	1913（大正2）年	駅　数	69駅

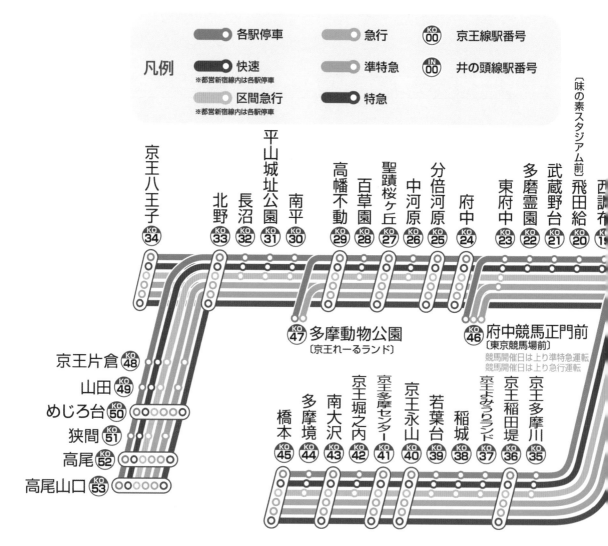

凡例

各駅停車

快速
※都営新宿線内は各駅停車

区間急行
※都営新宿線内は各駅停車

急行

準特急

特急

KO 00 京王線駅番号

IN 00 井の頭線駅番号

京王八王子 KO34
北野 KO33
長沼 KO32
平山城址公園 KO31
南平 KO30
高幡不動 KO29
百草園 KO28
聖蹟桜ヶ丘 KO27
中河原 KO26
分倍河原 KO25
府中 KO24
東府中 KO23
多磨霊園 KO22
武蔵野台 KO21
飛田給 KO20
西調布 KO19
【味の素スタジアム前】

KO47 多摩動物公園〔京王れーるランド〕

KO46 府中競馬正門前〔東京競馬場前〕
競馬開催日は上り準特急運転
競馬開催日は上り急行運転

京王片倉 KO48
山田 KO49
めじろ台 KO50
狭間 KO51
高尾 KO52
高尾山口 KO53

橋本 KO45
多摩境 KO44
南大沢 KO43
京王堀之内 KO42
京王多摩センター KO41
京王永山 KO40
若葉台 KO39
稲城 KO38
京王よみうりランド KO37
京王稲田堤 KO36
京王多摩川 KO35

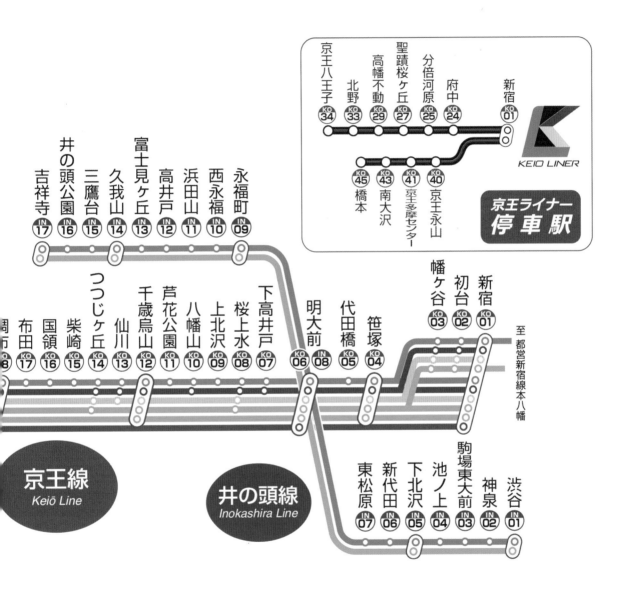

京王線
Keiō Line

井の頭線
Inokashira Line

京王ライナー
停車駅

KEIO LINER

京王八王子 KO34
北野 KO33
高幡不動 KO29
聖蹟桜ヶ丘 KO27
分倍河原 KO25
府中 KO24
新宿 KO01

橋本 KO45
南大沢 KO43
京王多摩センター KO41
京王永山 KO40

吉祥寺 IN17
井の頭公園 IN16
三鷹台 IN15
久我山 IN14
富士見ヶ丘 IN13
高井戸 IN12
浜田山 IN11
西永福 IN10
永福町 IN09

調布市 KO18
布田 KO17
国領 KO16
柴崎 KO15
つつじヶ丘 KO14
仙川 KO13
千歳烏山 KO12
芦花公園 KO11
八幡山 KO10
上北沢 KO09
桜上水 KO08
下高井戸 KO07
明大前 IN08
明大前 KO06
代田橋 KO05
笹塚 KO04
幡ヶ谷 KO03
初台 KO02
新宿 KO01

至 都営新宿線本八幡

東松原 IN07
新代田 IN06
下北沢 IN05
池ノ上 IN04
駒場東大前 IN03
神泉 IN02
渋谷 IN01

社　名	小田急電鉄株式会社	営業キロ	120.5キロ
営業範囲	東京都・神奈川県	路線数	3路線
営業開始	1927(昭和2)年	駅数	70駅

odakyu 停車駅のご案内 Odakyu Line Route Map

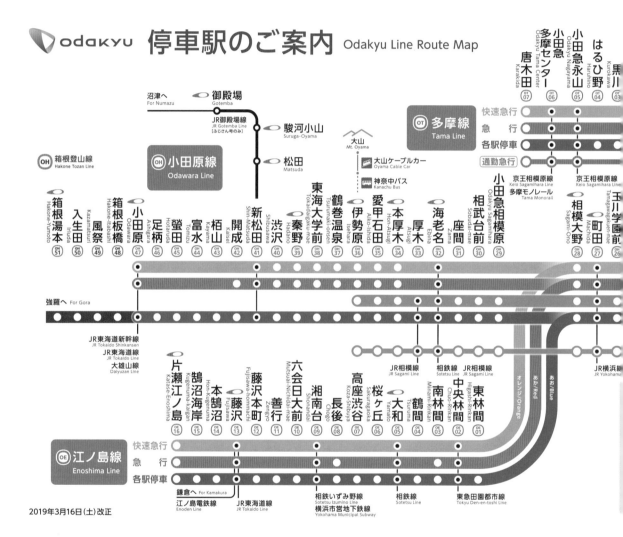

2019年3月16日(土)改正

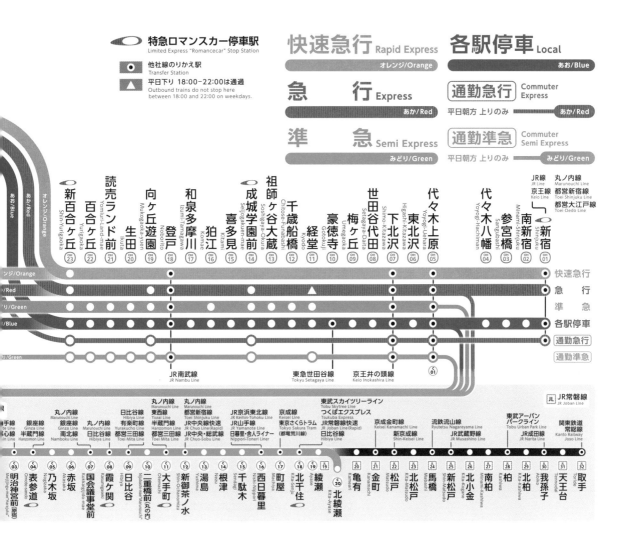

社　　名	東急電鉄株式会社	営業キロ	104.9キロ
営業範囲	東京都・神奈川県	路線数	8路線
営業開始	1923(大正12)年	駅　　数	97駅

のるるん

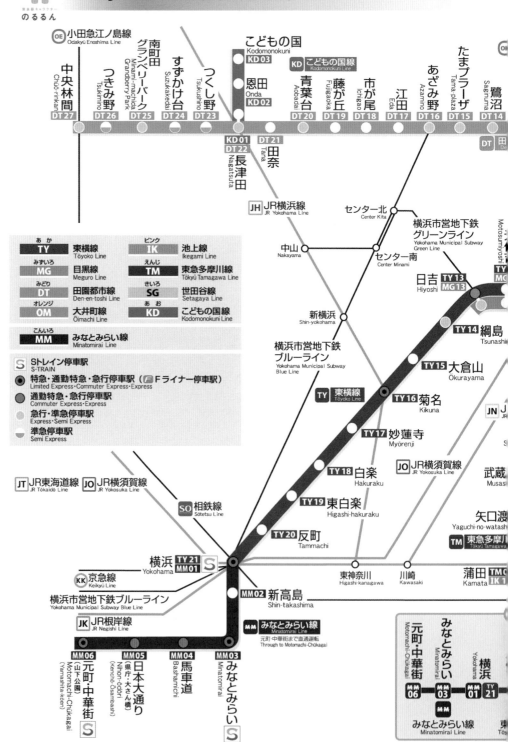

東急線・みなとみらい線路線案内
Tokyu Lines・Minatomirai Line

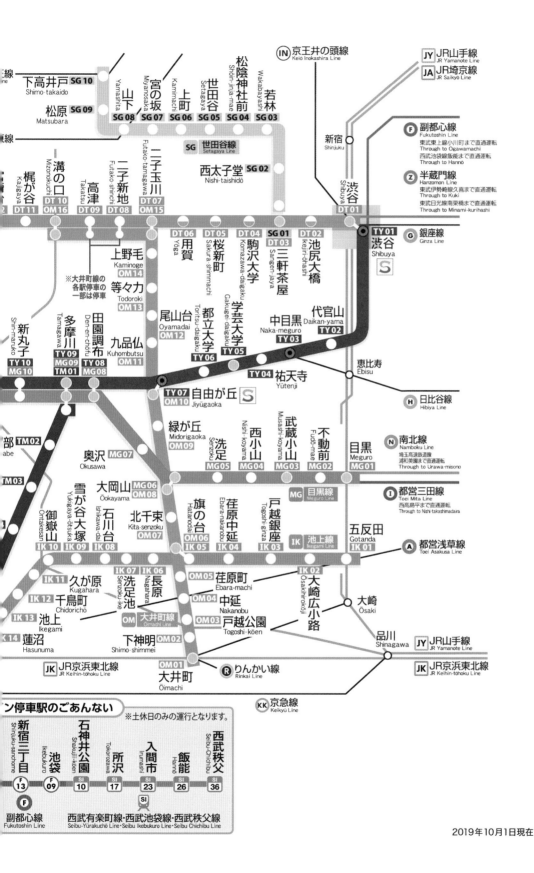

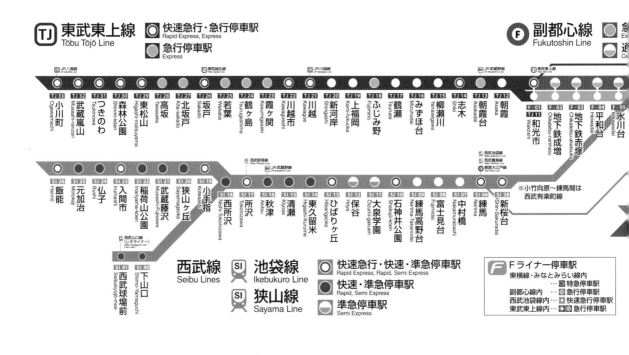

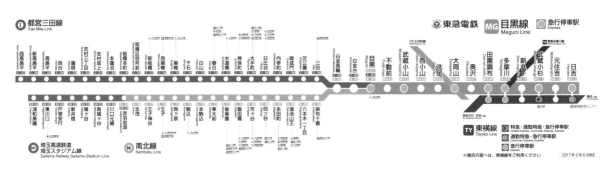

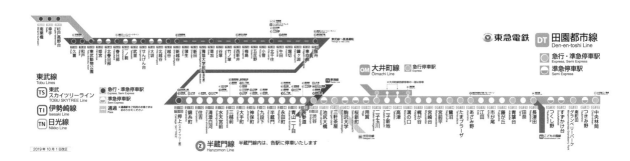

こどもの国線以外の東急電鉄各路線（東横線、目黒線、田園都市線、大井町線、東急多摩川線、池上線、世田谷線）の停車駅案内図。

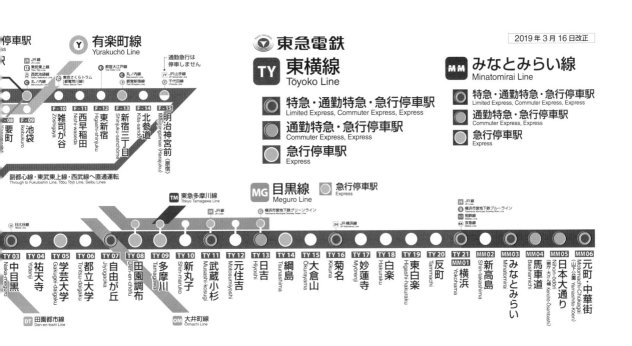

Y 有楽町線
Yurakuchō Line

通勤急行は停車しません

副都心線・東武東上線・西武線へ直通運転
Through to Fukutoshin Line, Tōbu Tōjō Line, Seibu Lines

東急電鉄

TY 東横線
Tōyoko Line

◎ 特急・通勤特急・急行停車駅
Limited Express, Commuter Express, Express

◉ 通勤特急・急行停車駅
Commuter Express, Express

● 急行停車駅
Express

MM みなとみらい線
Minatomirai Line

◎ 特急・通勤特急・急行停車駅
Limited Express, Commuter Express, Express

◉ 通勤特急・急行停車駅
Commuter Express, Express

● 急行停車駅
Express

MG 目黒線
Meguro Line

● 急行停車駅
Express

OM 大井町線
Ōimachi Line

● 急行停車駅
Express

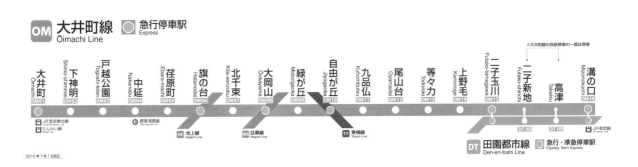

※大井町線の各駅停車の一部は停車

DT 田園都市線
Den-en-toshi Line

◉ 急行・準急停車駅
Express, Semi Express

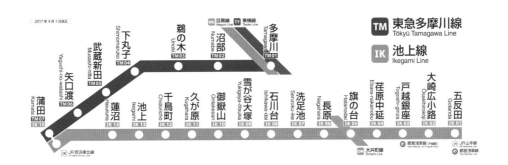

TM 東急多摩川線
Tōkyū Tamagawa Line

IK 池上線
Ikegami Line

SG 世田谷線
Setagaya Line

49 横浜高速鉄道

YOKOHAMA MINATOMIRAI RAILWAY COMPANY.

社　　名	横浜高速鉄道株式会社	営業キロ	4.1キロ
営業範囲	神奈川県	路線数	1路線
営業開始	2004(平成16)年	駅　数	6駅

みなとみらい線内
S Sトレイン停車駅
F Fライナー停車駅

横浜 Yokohama MM01 S F
反町 Tammachi TY20
東白楽 Higashi-hakuraku TY19
白楽 Hakuraku TY18
妙蓮寺 Myōrenji TY17
菊名 Kikuna TY16
大倉山 Ōkurayama TY15
綱島 Tsunashima

新高島 Shin-takashima MM02

みなとみらい Minatomirai MM03 S F

飯能 Hannō SI26
元加治 Motokaji SI25
仏子 Bushi SI24
入間市 Irumashi SI23
稲荷山公園 Inariyama-kōen SI22
武蔵藤沢 Musashi-fujisawa SI21
狭山ヶ丘 Sayamagaoka SI20
小手指 Kotesashi SI19
西所沢 Nishi-tokorozawa SI18
所沢 Tokorozawa

馬車道 Bashamichi MM04

西武秩父 Seibu-chichibu SI36

日本大通り (県庁・大さん橋) Nihon-ōdōri (Kenchō-Ōsambashi) MM05

至 小川町・寄居 for Ogawamachi, Yorii

森林公園 Shinrin-kōen TJ30
東松山 Higashi-matsuyama TJ29
高坂 Takasaka TJ28
北坂戸 Kita-sakado TJ27
坂戸 Sakado TJ26
若葉 Wakaba TJ25
鶴ヶ島 Tsurugashima

S 元町・中華街 (山下公園) MM06
F

F Fライナー停車駅
みなとみらい線・東横線内 ………… 特急停車駅
副都心線内 ………… 急行停車駅
西武池袋線内 ………… 快速急行停車駅
東武東上線内 ………… 急行停車駅

S Sトレイン停車駅
みなとみらい線・東横線・副都心線・西武池袋線・西武秩父線

元町・中華街、みなとみらい、横浜、自由が丘、渋谷、
新宿三丁目、池袋、石神井公園、所沢、入間市、飯能、西武秩父

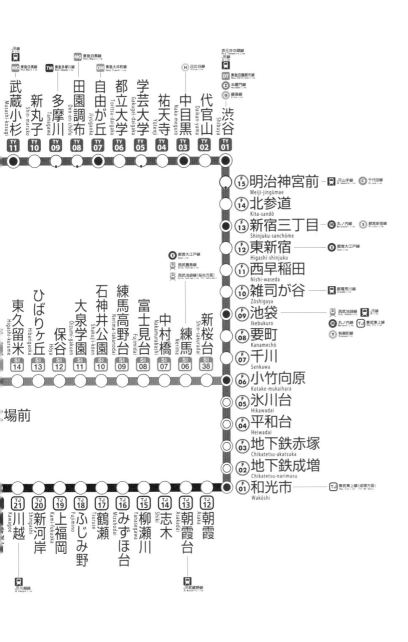

	武蔵小杉 Musashi-kosugi	新丸子 Shin-maruko	多摩川 Tamagawa	田園調布 Den-en-chōfu	自由が丘 Jiyūgaoka	都立大学 Toritsu-daigaku	学芸大学 Gakugei-daigaku	祐天寺 Yūtenji	中目黒 Naka-meguro	代官山 Daikan-yama	渋谷 Shibuya
	TY 11	TY 10	TY 09	TY 08	TY 07	TY 06	TY 05	TY 04	TY 03	TY 02	TY 01

明治神宮前 Meiji-jingūmae (F15)
北参道 Kita-sandō (F14)
新宿三丁目 Shinjuku-sanchōme (F13)
東新宿 Higashi-shinjuku (F12)
西早稲田 Nishi-waseda (F11)
雑司が谷 Zōshigaya (F10)
池袋 Ikebukuro (F09)
要町 Kanamechō (F08)
千川 Senkawa (F07)
小竹向原 Kotake-mukaihara (F06)
氷川台 Hikawadai (F05)
平和台 Heiwadai (F04)
地下鉄赤塚 Chikatetsu-akatsuka (F03)
地下鉄成増 Chikatetsu-narimasu (F02)
和光市 Wakōshi (F01)

東久留米 Higashi-kurume	ひばりヶ丘 Hibarigaoka	保谷 Hōya	大泉学園 Ōizumi-gakuen	石神井公園 Shakuji-kōen	練馬高野台 Nerima-takanodai	富士見台 Fujimidai	中村橋 Nakamurabashi	練馬 Nerima	新桜台 Shin-sakuradai
SI 14	SI 13	SI 12	SI 11	SI 10	SI 09	SI 08	SI 07	SI 06	SI 38

川越 Kawagoe	新河岸 Shingashi	上福岡 Kami-fukuoka	ふじみ野 Fujimino	鶴瀬 Tsuruse	みずほ台 Mizuhodai	柳瀬川 Yanasegawa	志木 Shiki	朝霞台 Asakadai	朝霞 Asaka
TJ 21	TJ 20	TJ 19	TJ 18	TJ 17	TJ 16	TJ 15	TJ 14	TJ 13	TJ 12

TY 東急東横線 Tōkyū Tōyoko Line	F 副都心線 Fukutoshin Line	SI 西武有楽町線 Seibu Yūrakuchō Line 西武池袋線 Seibu Ikebukuro Line 西武狭山線 Seibu Sayama Line 西武秩父線 Seibu Chichibu Line	TJ 東武東上線 Tōbu Tōjō Line
特急・通勤特急・急行停車駅 Limited Express, Commuter Express, Express	急行・通勤急行停車駅 Express, Commuter Express		
通勤特急・急行停車駅 Commuter Express, Express	通勤急行停車駅 Commuter Express		
急行停車駅 Express	急行停車駅 Express		

50 相模鉄道
SAGAMI RAILWAY Co., Ltd.

社　名	相模鉄道株式会社	営業キロ	38.0キロ
営業範囲	神奈川県	路線数	3路線
営業開始	1917(大正6)年	駅　数	26駅

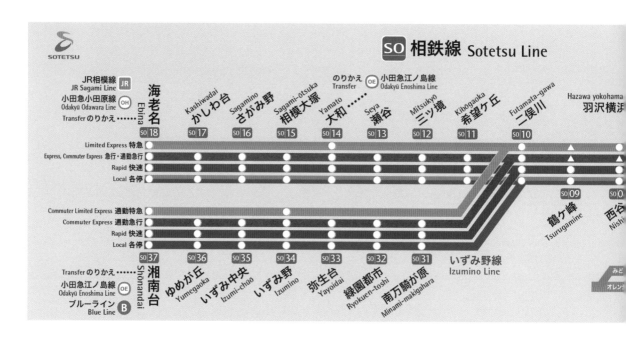

51 横浜シーサイドライン
YOKOHAMA SEASIDE LINE Co., Ltd.

社　名	株式会社横浜シーサイドライン	営業キロ	10.8キロ
営業範囲	神奈川県	路線数	1路線
営業開始	1989(平成元)年	駅　数	14駅

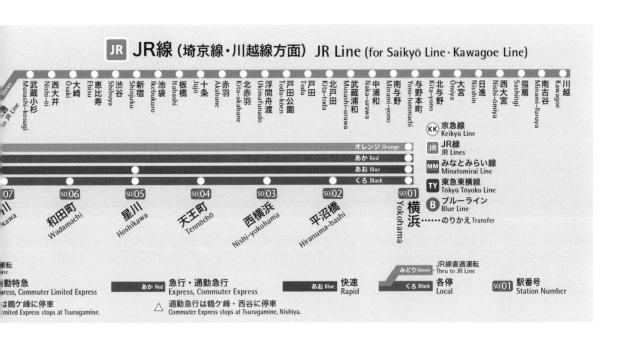

暫定駅だった旧金沢八景駅は、2019（平成31）年3月に駅の位置を約150ｍ延伸して京急電鉄の金沢八景駅と直結し開業した。

社　名	京浜急行電鉄株式会社	営業キロ	87.0キロ
営業範囲	東京都・神奈川県	路線数	5路線
営業開始	1899（明治32）年	駅　数	72駅

海 側

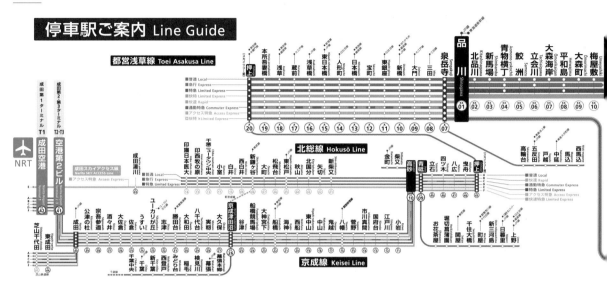

山 側

掲載しているのは、2020（令和2）年3月13日まで車両のドア上に掲出されていた停車駅案内。京急電鉄は品川駅から三崎口駅までを海沿いに走行しているため、車両の海側に上の図、山側に下の図を掲出することで、進行方向に沿って駅の順番が把握しやすいようになっている。

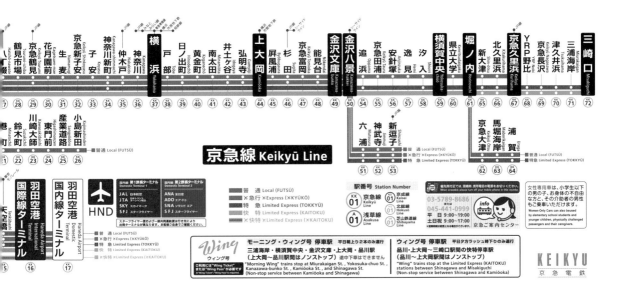

京急線 Keikyū Line

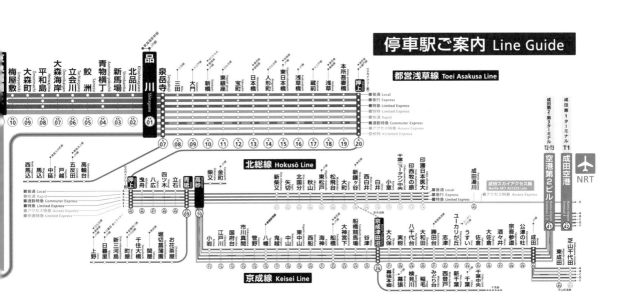

停車駅ご案内 Line Guide

都営浅草線 Toei Asakusa Line

北総線 Hokusō Line

京成線 Keisei Line

2020（令和2）年3月14日以降、次の6駅は新駅名へと変更。

羽田空港国際線ターミナル駅 ⇒ 羽田空港第3ターミナル駅
羽田空港国内線ターミナル駅 ⇒ 羽田空港第1・第2ターミナル駅

産業道路駅 ⇒ 大師橋駅
花月園前駅 ⇒ 花月総持寺駅
仲木戸駅 ⇒ 京急東神奈川駅
新逗子駅 ⇒ 逗子・葉山駅

53 横浜市営地下鉄
Transportation Bureau, City of Yokohama

社　　名	横浜市交通局	営業キロ	53.4キロ
営業範囲	神奈川県	路線数	2路線
営業開始	1972(昭和47)年	駅　数	40駅

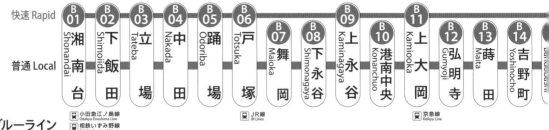

快速 Rapid

普通 Local

B01 湘南台 Shonandai / B02 下飯田 Shimoida / B03 立場 Tateba / B04 中田 Nakada / B05 踊場 Odoriba / B06 戸塚 Totsuka / B07 舞岡 Maioka / B08 下永谷 Shimonagaya / B09 上永谷 Kaminagaya / B10 港南中央 Konanchuo / B11 上大岡 Kamiooka / B12 弘明寺 Gumyoji / B13 蒔田 Maita / B14 吉野町 Yoshinocho

 B ブルーライン BLUE LINE

小田急江ノ島線 Odakyu Enoshima Line
相鉄いずみ野線 Sotetsu Izumino Line

JR線 JR Lines

京急線 Keikyu Line

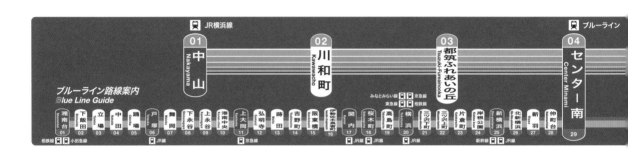

ブルーライン路線案内
Blue Line Guide

---

54 湘南モノレール
Shonan Monorail. Co., Ltd.

社　　名	湘南モノレール株式会社	営業キロ	6.6キロ
営業範囲	神奈川県	路線数	1路線
営業開始	1970(昭和45)年	駅　数	8駅

湘南モノレール駅名案内

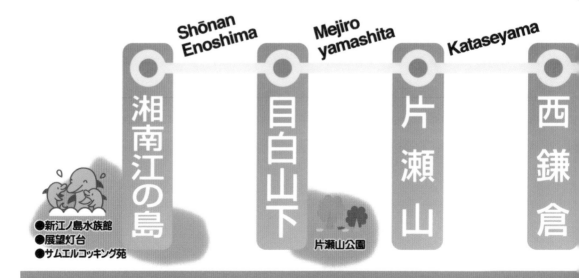

Shōnan Enoshima　湘南江の島
●新江ノ島水族館
●展望灯台
●サムエルコッキング苑

Mejiro yamashita　目白山下
片瀬山公園

Kataseyama　片瀬山

西鎌倉

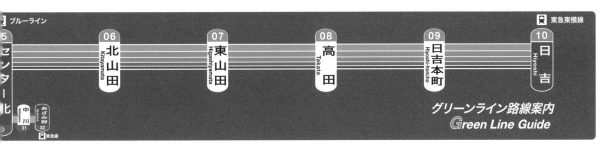

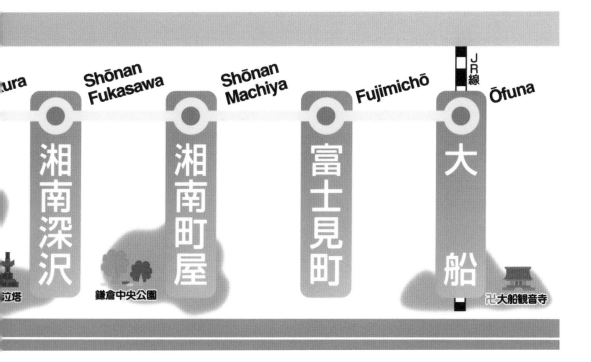

55 江ノ島電鉄
Enoshima Electric Railway Co., Ltd.

社 名	江ノ島電鉄株式会社	営業キロ	10.0キロ
営業範囲	神奈川県	路線数	1路線
営業開始	1902(明治35)年	駅 数	15駅

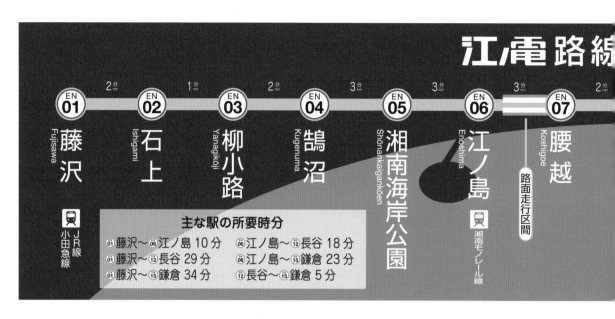

江ノ電路線

主な駅の所要時分

- ⑪藤沢～⑯江ノ島 10分
- ⑪藤沢～⑫長谷 29分
- ⑪藤沢～⑮鎌倉 34分
- ⑯江ノ島～⑫長谷 18分
- ⑯江ノ島～⑮鎌倉 23分
- ⑫長谷～⑮鎌倉 5分

56 箱根登山鉄道
HAKONE TOZAN RAILWAY Co., Ltd.

社 名	箱根登山鉄道株式会社	営業キロ	15.0キロ
営業範囲	神奈川県	路線数	1路線
営業開始	1900(明治33)年	駅 数	16駅

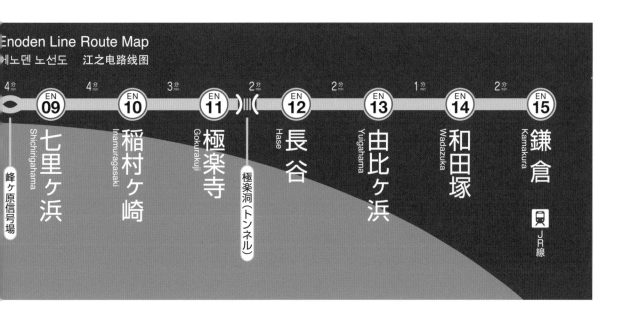

Enoden Line Route Map
에노덴 노선도　江之电路线图

EN 09	EN 10	EN 11	EN 12	EN 13	EN 14	EN 15

峰ヶ原信号場

七里ヶ浜
Shichirigahama

稲村ヶ崎
Inamuragasaki

極楽寺
Gokurakuji

極楽洞（トンネル）

長谷
Hase

由比ヶ浜
Yuigahama

和田塚
Wadazuka

鎌倉
Kamakura

JR線

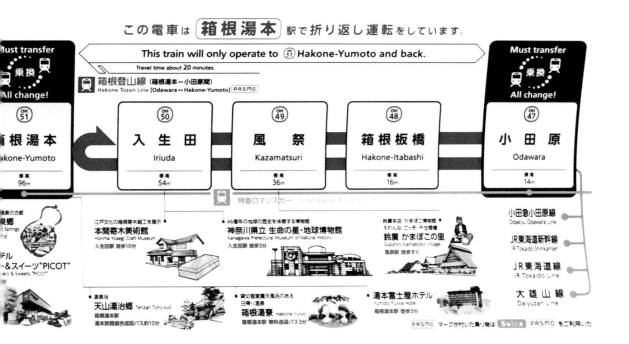

この電車は 箱根湯本 駅で折り返し運転をしています。

This train will only operate to (OH 51) Hakone-Yumoto and back.

Travel time about 20 minutes.

箱根登山線 (箱根湯本⇔小田原間)
Hakone Tozan Line [Odawara ⇔ Hakone-Yumoto] PASMO

Must transfer　乗換　All change!

OH 51	OH 50	OH 49	OH 48	OH 47
箱根湯本	入生田	風祭	箱根板橋	小田原
Hakone-Yumoto	Iriuda	Kazamatsuri	Hakone-Itabashi	Odawara
標高	標高 54m	標高 36m	標高 16m	標高 14m

特急ロマンスカー Limited Express Romancecar

本間寄木美術館
Honma Yosegi Craft Museum
入生田駅 徒歩10分
江戸文化の箱根寄木細工を展示

神奈川県立 生命の星・地球博物館
Kanagawa Prefectural Museum of Natural History
入生田駅 徒歩3分
46億年の地球の歴史を体感する博物館

鈴廣 かまぼこの里
Suzuhiro Kamaboko Village
風祭駅 徒歩すぐ
鈴廣本店・かまぼこ博物館 えれんな ごっそ・千世倭樓

天山湯治郷
Tenzan Tohji-kyo
箱根湯本駅
湯本旅館組合巡回バス10分
源泉浴

箱根湯寮 Hakone Yuryo
箱根湯本駅 無料送迎バス3分
貸切個室露天風呂のある 日帰り温泉

湯本富士屋ホテル
Yumoto Fujiya Hotel
箱根湯本駅 徒歩3分

小田急小田原線
Odakyu, Odawara Line

JR東海道新幹線
JR Tokaido Shinkansen

JR東海道線
JR Tokaido Line

大雄山線
Daiyuzan Line

PASMO マークが付いた乗り物は Suica PASMO をご利用いた

甲信越・北陸地方

57 富士急行
FUJI KYUKO CO., LTD.

社　　名	富士急行株式会社	営業キロ	26.6キロ
営業範囲	山梨県	路線数	2路線
営業開始	1929（昭和4）年	駅　　数	18駅

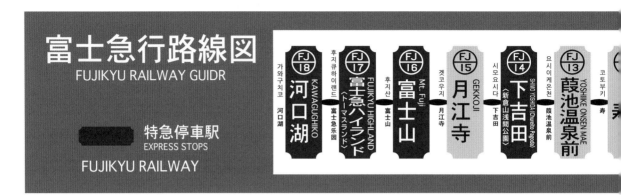

富士急行路線図
FUJIKYU RAILWAY GUIDR

特急停車駅
EXPRESS STOPS

FUJIKYU RAILWAY

58 アルピコ交通
ALPICO kotsu Co., ltd.

社　　名	アルピコ交通株式会社	営業キロ	14.4キロ
営業範囲	長野県	路線数	1路線
営業開始	1921（大正10）年	駅　　数	14駅

上高地線路線図

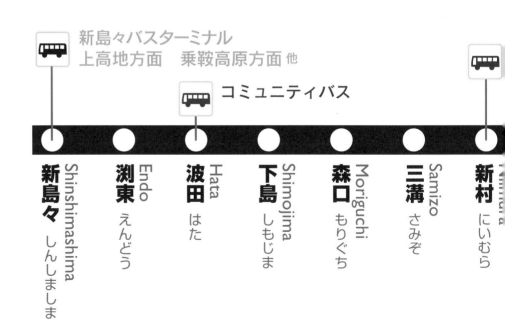

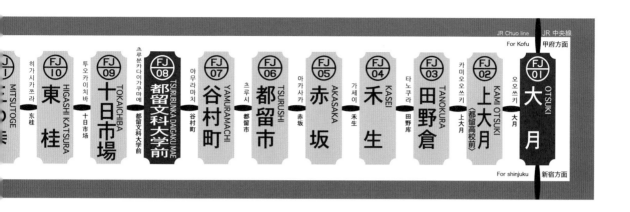

JR Chuo line　JR 中央線
For Kofu　甲府方面

FJ01	FJ02	FJ03	FJ04	FJ05	FJ06	FJ07	FJ08	FJ09	FJ10	FJ
大月	上大月《都留高校前》	田野倉	禾生	赤坂	都留市	谷村町	都留文科大学前	十日市場	東桂	ミ

オオツキ　OTSUKI　大月
カミオオツキ　KAMI OTSUKI　上大月
タノクラ　TANOKURA　田野庫
カセイ　KASEI　禾生
アカサカ　AKASAKA　赤坂
ツルシ　TSURUSHI　都留市
ヤムラマチ　YAMURAMACHI　谷村町
ツルブンカダイガクマエ　TSURUBUNKA DAIGAKUMAE　都留文科大学前
トオカイチバ　TOKAICHIBA　十日市場
ヒガシカツラ　HIGASHI KATSURA　東桂
　MITSUTOGE　

For shinjuku　新宿方面

コミュニティバス

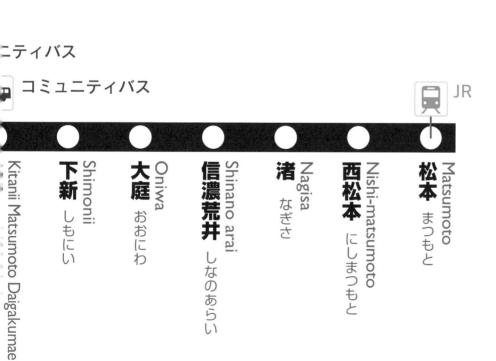

🚌 コミュニティバス　　　　　　🚆 JR

Kitanii Matsumoto Daigakumae
Shimonii　下新　しもにい
Oniwa　大庭　おおにわ
　Oniwa　おおにわ
信濃荒井　しなのあらい　Shinano arai
渚　なぎさ　Nagisa
西松本　にしまつもと　Nishi-matsumoto
松本　まつもと　Matsumoto

59 上田電鉄
Ueda dentetsu Co., Ltd.

社 名	上田電鉄株式会社	営業キロ	11.6キロ
営業範囲	長野県	路線数	1路線
営業開始	1918（大正7）年	駅 数	15駅

Bessho-Onsen 別所温泉 BE15
Yagisawa 八木沢 BE14
Maita 舞田 BE13
Nakano 中野 BE12
Shiodamachi 塩田町 BE11
Nakashioda 中塩田 BE10
Shimonogo 下之郷 BE09
BE08

● 1番前のドアのみ　First door only.

開くドアについて
About opening doors

■ 6：30〜8：30の上田行きの電車は、ホーム側すべてのドアが開きます。※月曜日から金
The train bound for Ueda at 6:30 to 8:30 will open all doors on the platform side.
※From Monday to Friday（except holidays and from December 30 to January 3）

上田駅と別所温泉駅を結ぶ別所線。
オレンジ色の駅はすべて無人駅であり、乗車の際に整理券が必要に
なることから、路線図上にも「開くドア」について詳細な記述がある。

神 畑 Kabatake | 寺 下 Terashita | 上田原 Uedahara | 赤坂上 Akasakaue | 三好町 Miyoshicho | 城 下 Shiroshita | 上 田 Ueda

BE 07 | BE 06 | BE 05 | BE 04 | BE 03 | BE 02 | BE 01

● ホーム側のすべてのドア　All doors on the platform side.

● 9：00〜17：00はホーム側すべてのドア、その他の時間は1番前のドアのみ
All the doors on the platform side. (From 9:00 to 17:00)
The other operating hours, only the first door.

：12月30日〜1月3日を除く）

路 線 図 ／ Route map

所要時間 Time required	駅 名 Station name		運 賃 Price	
			(円・yen)	
当駅 This station / BE 15	別所温泉	Bessho-Onsen	大人 Adult	子供 Children
3分／min / BE 14	八木沢	Yagisawa	180	90
4分／min / BE 13	舞 田	Maita	180	90
6分／min / BE 12	中 野	Nakano	230	120
8分／min / BE 11	塩田町	Shiodamachi	230	120
9分／min / BE 10	中塩田	Nakashioda	280	140
13分／min / BE 09	下之郷	Shimonogo	330	170
15分／min / BE 08	大学前	Daigakumae	380	190
17分／min / BE 07	神 畑	Kabatake	420	210
19分／min / BE 06	寺 下	Terashita	420	210
21分／min / BE 05	上田原	Uedahara	460	230
23分／min / BE 04	赤坂上	Akasakaue	500	250
24分／min / BE 03	三好町	Miyoshicho	540	270
26分／min / BE 02	城 下	Shiroshita	540	270
28分／min / BE 01	上 田	Ueda	590	300

※列車によって所要時間が異なる場合があります。　The time required may change depending on the train.

上田電鉄 別所線
Uedadentetsu Bessho Line

60 長野電鉄
NAGADEN GROUP

社　名	長野電鉄株式会社	営業キロ	33.2キロ
営業範囲	長野県	路線数	1路線
営業開始	1926(大正15)年	駅数	24駅

長野電鉄 停車駅ご案内
Nagano Dentetsu Line Stop Station Guidance

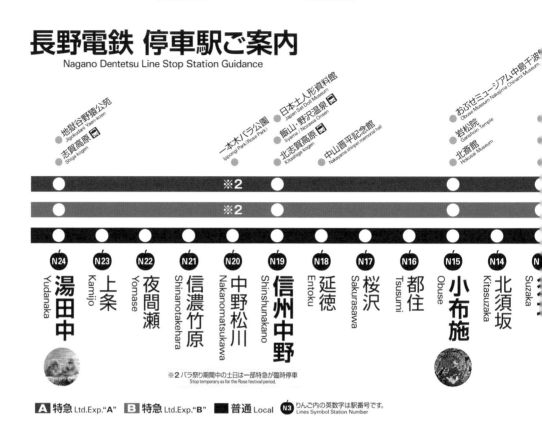

地獄谷野猿公苑 Jigokudani Yaen-koen
志賀高原 Shiga kogen
一本木バラ公園 Ippongi Park (Rose Park)
飯山・野沢温泉 Iiyama / Nozawa Onsen
北志賀高原 Kitashiga kogen
日本土人形資料館 Japan Soil Doll Museum
中山晋平記念館 Nakayama Shinpei memorial hall
おぶせミュージアム中島千波 Obuse Museum Nakajima Chinami Museum
岩松院 Ganshoin Temple
北斎館 Hokusai Museum

※2

※2

| N24 湯田中 Yudanaka | N23 上条 Kamijo | N22 夜間瀬 Yomase | N21 信濃竹原 Shinanotakehara | N20 中野松川 Nakanomatsukawa | N19 信州中野 Shinshunakano | N18 延徳 Entoku | N17 桜沢 Sakurasawa | N16 都住 Tsusumi | N15 小布施 Obuse | N14 北須坂 Kitasuzaka | 須坂 Suzaka |

※2 バラ祭り期間中の土日は一部特急が臨時停車
Stop temporary as for the Rose festival period.

A 特急 Ltd.Exp."A"　**B** 特急 Ltd.Exp."B"　■ 普通 Local　**N3** りんご内の英数字は駅番号です。Lines Symbol Station Number

---

61 えちごトキめき鉄道
Echigo TOKImeki Railway Company.

社　名	えちごトキめき鉄道株式会社	営業キロ	97.0キロ
営業範囲	新潟県	路線数	2路線
営業開始	2015(平成27)年	駅数	21駅

えちごトキめき鉄道株式会社　路線図

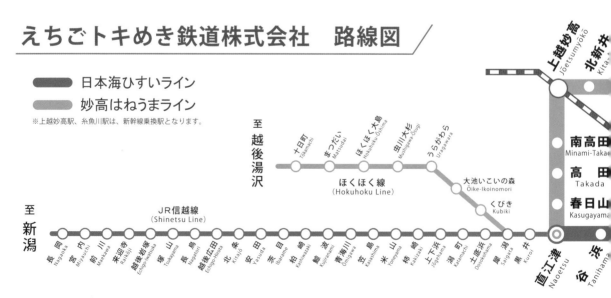

■ 日本海ひすいライン
■ 妙高はねうまライン

※上越妙高駅、糸魚川駅は、新幹線乗換駅となります。

上越妙高 Jōetsumyōkō
北新井 Kita...
南高田 Minami-Taka...
高田 Takada
春日山 Kasugayama
至越後湯沢
十日町 Tōkamachi
まつだい Matsudai
ほくほく大島 Hokuhoku-Ōshima
田川大杉 Muhigawa-Ōsugi
うらがわら Uragawara
大池いこいの森 Ōike-Ikoinomori
くびき Kubiki
ほくほく線 (Hokuhoku Line)
JR信越線 (Shinetsu Line)
至新潟
長岡 Nagaoka
宮内 Miyauchi
前川 Maekawa
来迎寺 Raikōji
越後岩塚 Echigo-Iwatsuka
塚山 Tsukayama
長鳥 Nagatori
越後広田 Echigo-Hirota
北条 Kitajō
安田 Yasuda
茶目 Ibatame
柏崎 Kashiwazaki
鯨波 Kujiranami
青海川 Ōmigawa
笠島 Kasashima
米山 Yoneyama
柿崎 Kakizaki
上下浜 Jōgehama
潟町 Katamachi
土底浜 Dosokohama
犀潟 Saigata
黒井 Kuroi
直江津 Naoetsu
谷浜 Tanihama

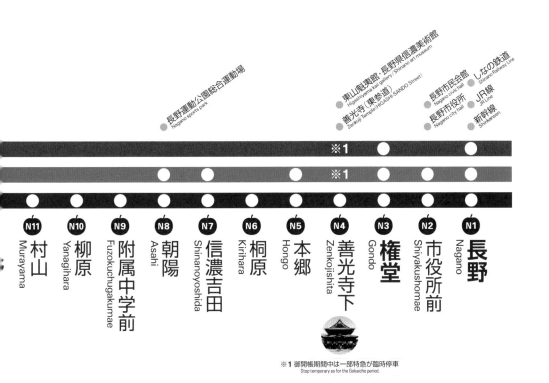

東山魁夷館・長野県信濃美術館
Higashiyama kaii gallery / Shinano art museum

善光寺（東参道）
Zenkoji Temple（HIGASHI-SANDO Street）

長野市民会館
Nagano civic hall

長野市役所
Nagano city hall

しなの鉄道
Shinano Railway Line

JR線
JR Line

新幹線
Shinkansen

※1

※1

N11	N10	N9	N8	N7	N6	N5	N4	N3	N2	N1
村山	柳原	附属中学前	朝陽	信濃吉田	桐原	本郷	善光寺下	権堂	市役所前	長野
Murayama	Yanagihara	Fuzokuchugakumae	Asahi	Shinanoyoshida	Kirihara	Hongo	Zenkojishita	Gondo	Shiyakushomae	Nagano

※1 御開帳期間中は一部特急が臨時停車
Stop temporary as for the Gokaicho period.

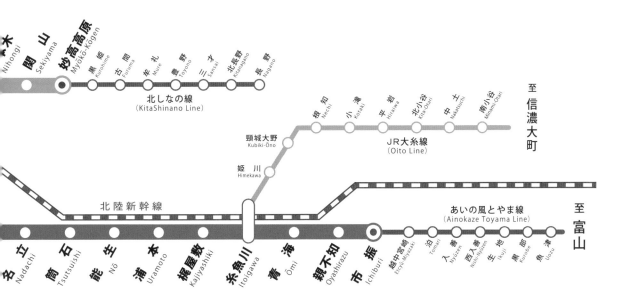

北しなの線
（KitaShinano Line）

JR大糸線
（Oito Line）

至 信濃大町

北陸新幹線

あいの風とやま線
（Ainokaze Toyama Line）

至 富山

62 北越急行
Hokuetsu express Corporation.

社 名	北越急行株式会社	営業キロ	59.5キロ
営業範囲	新潟県	路線数	1路線
営業開始	1997(平成9)年	駅 数	12駅

妙高はねうまライン
Myoko-Haneuma Line

日本海ひすいライン
Nihonkai-Hisui Line

JR北陸新幹線
JR Hokuriku Shinkansen

JR信越線
JR Shin-etsu Line

新井 Arai / 北新井 Kita-Arai / 上越妙高 Joetsu-Myoko / 南高田 Minami-Takada / 高田 Takada / 春日山 Kasugayama / 直江津 Naoetsu / 黒井 Kuroi / 犀潟 Saigata / くびき Kubiki / 大池いこいの森 Oike-Ikoinomori / うらがわら Uragawara

えちごトキめき鉄道 妙高はねうまライン
Echigo TOKImeki Railway Myoko-Haneuma Line

ＪＲ信越線
JR Shin-etsu Line

63 あいの風とやま鉄道
Ainokaze Toyama Railway

社 名	あいの風とやま鉄道株式会社	営業キロ	100.1キロ
営業範囲	富山県	路線数	1路線
営業開始	2015(平成27)年	駅 数	20駅

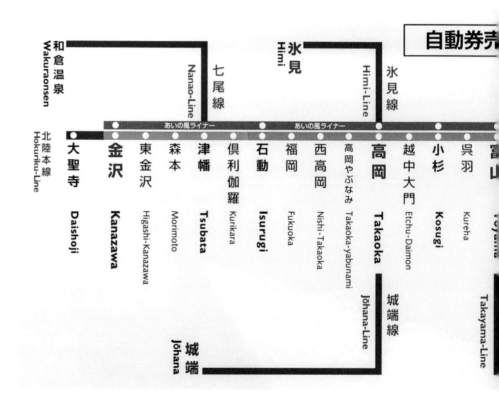

和倉温泉 Wakuraonsen / 七尾線 Nanao-Line / 氷見 Himi / 氷見線 Himi-Line / 自動券売

北陸本線 Hokuriku-Line

大聖寺 Daishoji / 金沢 Kanazawa / 東金沢 Higashi-Kanazawa / 森本 Morimoto / 津幡 Tsubata / 倶利伽羅 Kurikara / 石動 Isurugi / 福岡 Fukuoka / 西高岡 Nishi-Takaoka / 高岡やぶなみ Takaoka-yabunami / 高岡 Takaoka / 越中大門 Etchu-Daimon / 小杉 Kosugi / 呉羽 Kureha / 富山 Toyama

あいの風ライナー

城端線 Jōhana-Line / 城端 Jōhana / 城端線

高山線 Takayama-Line

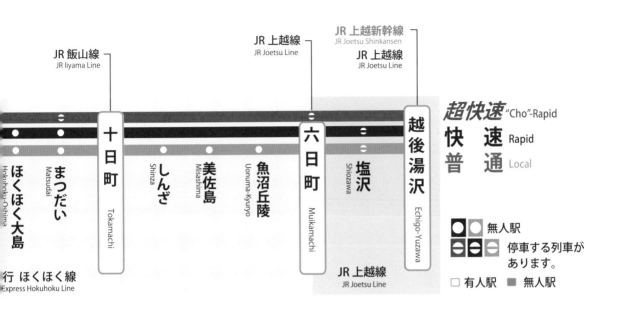

JR 飯山線
JR Iiyama Line

JR 上越線
JR Joetsu Line

JR 上越新幹線
JR Joetsu Shinkansen

JR 上越線
JR Joetsu Line

超快速 "Cho"-Rapid

快　速 Rapid

普　通 Local

ほくほく大島
Hokuhoku-Ōshima

まつだい
Matsudai

十日町
Tokamachi

しんざ
Shinza

美佐島
Misashima

魚沼丘陵
Uonuma-Kyuryo

六日町
Muikamachi

塩沢
Shiozawa

越後湯沢
Echigo-Yuzawa

行 ほくほく線
Express Hokuhoku Line

JR 上越線
JR Joetsu Line

⬤⬤ 無人駅

⊖⊖⊖ 停車する列車が
あります。

▢ 有人駅　　■ 無人駅

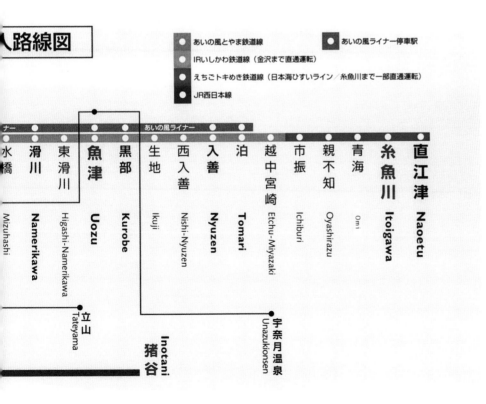

路線図

⬤ あいの風とやま鉄道線　　　　　　　　◉ あいの風ライナー一停車駅

⬤ IRいしかわ鉄道線（金沢まで直通運転）

⬤ えちごトキめき鉄道線（日本海ひすいライン／糸魚川まで一部直通運転）

⬤ JR西日本線

あいの風ライナー

水橋
Mizuhashi

滑川
Namerikawa

東滑川
Higashi-Namerikawa

魚津
Uozu

黒部
Kurobe

生地
Ikuji

西入善
Nishi-Nyuzen

入善
Nyuzen

泊
Tomari

越中宮崎
Etchu-Miyazaki

市振
Ichiburi

親不知
Oyashirazu

青海
Omi

糸魚川
Itoigawa

直江津
Naoetu

立山
Tateyama

宇奈月温泉
Unazukionsen

猪谷
Inotani

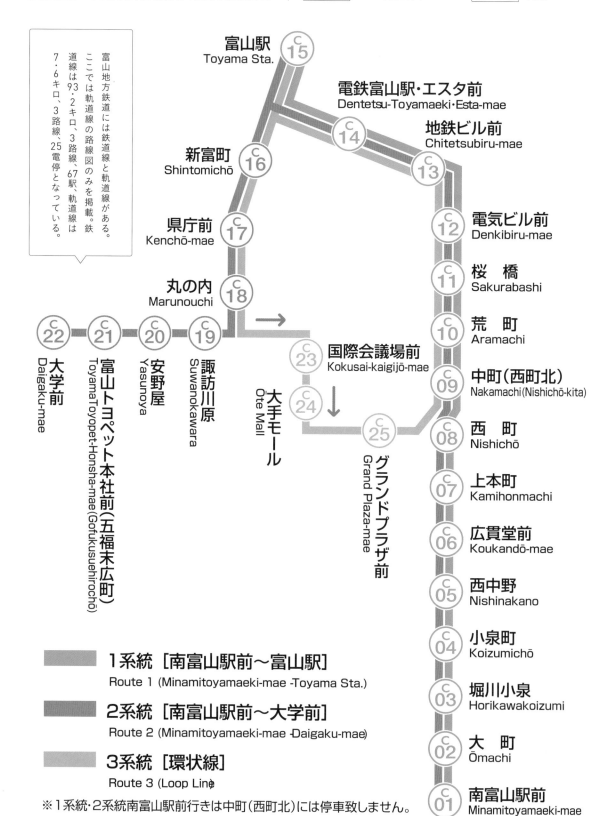

64 富山地方鉄道
TOYAMA CHIHOU TETSUDOU.INC

社　名	富山地方鉄道株式会社	営業キロ	100.8キロ
営業範囲	富山県	路線数	6路線
営業開始	1931(昭和6)年	駅　数	92駅

富山地方鉄道には鉄道線と軌道線がある。ここでは軌道線の路線図のみを掲載。鉄道線は93・2キロ、3路線、67駅、軌道線は7・6キロ、3路線、25電停となっている。

富山駅
Toyama Sta.
C15

電鉄富山駅・エスタ前
Dentetsu-Toyamaeki・Esta-mae
C14

地鉄ビル前
Chitetsubiru-mae
C13

新富町
Shintomichō
C16

電気ビル前
Denkibiru-mae
C12

県庁前
Kenchō-mae
C17

桜　橋
Sakurabashi
C11

荒　町
Aramachi
C10

丸の内
Marunouchi
C18

大学前
Daigaku-mae
C22

富山トヨペット本社前(五福末広町)
ToyamaToyopet-Honsha-mae(Gofukusuehirochō)
C21

安野屋
Yasunoya
C20

諏訪川原
Suwanokawara
C19

大手モール
Ōte Mall

国際会議場前
Kokusai-kaigijō-mae
C23

C24

グランドプラザ前
Grand Plaza-mae
C25

中町(西町北)
Nakamachi(Nishichō-kita)
C09

西　町
Nishichō
C08

上本町
Kamihonmachi
C07

広貫堂前
Koukandō-mae
C06

西中野
Nishinakano
C05

小泉町
Koizumichō
C04

堀川小泉
Horikawakoizumi
C03

大　町
Ōmachi
C02

南富山駅前
Minamitoyamaeki-mae
C01

1系統 [南富山駅前〜富山駅]
Route 1 (Minamitoyamaeki-mae -Toyama Sta.)

2系統 [南富山駅前〜大学前]
Route 2 (Minamitoyamaeki-mae -Daigaku-mae)

3系統 [環状線]
Route 3 (Loop Line)

※1系統・2系統南富山駅前行きは中町(西町北)には停車致しません。

65 富山ライトレール
Toyama Light Rail Co., Ltd.

社　名	富山ライトレール株式会社	営業キロ	7.6キロ
営業範囲	富山県	路線数	1路線
営業開始	2006（平成18）年	駅　数	13駅

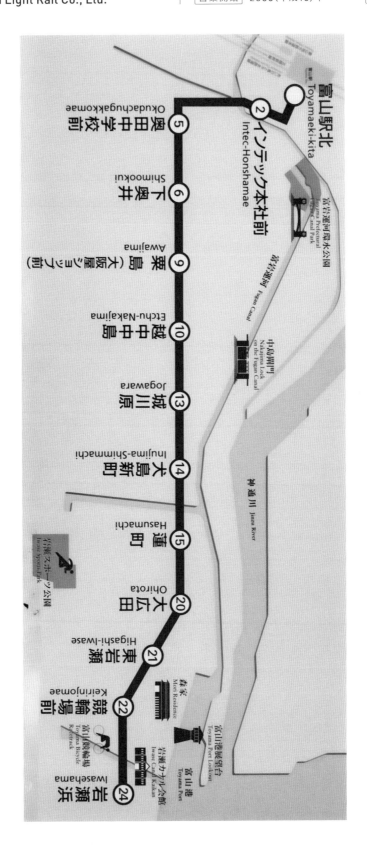

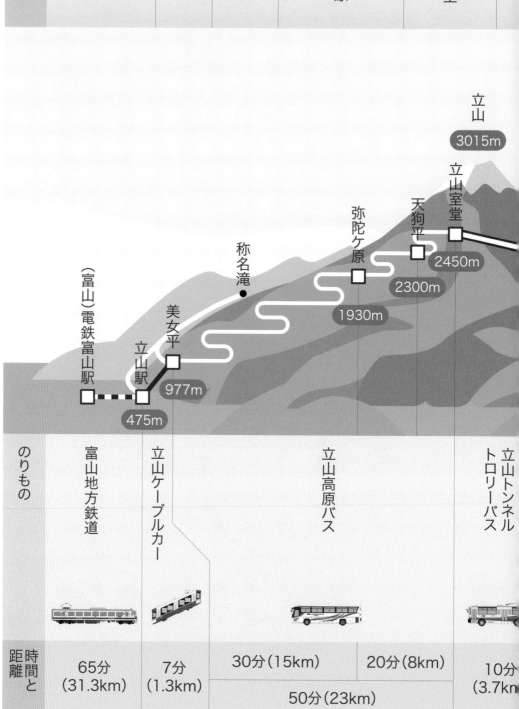

66 立山黒部貫光
Tateyama Kurobe Kanko Co., Ltd.

社　名	立山黒部貫光株式会社	営業キロ	30.5キロ
営業範囲	富山県	路線数	―
営業開始	1964（昭和39）年	駅数	8駅

エリア	富山	立山駅	美女平	称名滝	弥陀ケ原	立山室堂

立山
3015m

立山室堂
2450m

天狗平
2300m

弥陀ケ原
1930m

称名滝

美女平
977m

（富山）電鉄富山駅

立山駅
475m

のりもの	富山地方鉄道	立山ケーブルカー	立山高原バス	立山トンネルトロリーバス

時間と距離	65分（31.3km）	7分（1.3km）	30分（15km）	20分（8km）	10分（3.7km）

50分（23km）

（立山駅〜黒部湖間。
ケーブルカー、バス、ロープウェイなど、すべての駅を含む）

鉄道やバス、ケーブルカー、ロープウェイなど、多彩な交通手段を含むルート。破線やつづら折りなど、ルートによって線を描き分けている点にも着目したい。

黒部平

黒部ダム

扇沢

信濃大町

長野

富山県←　→長野県

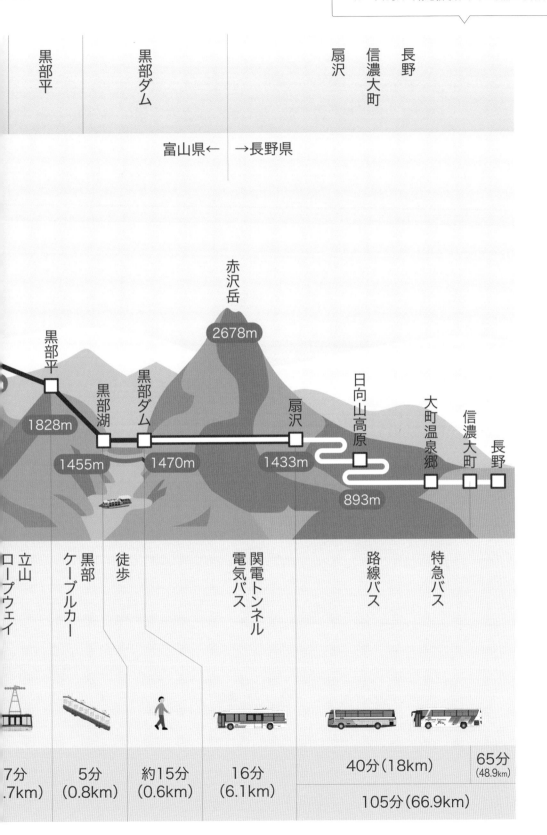

赤沢岳
2678m

黒部平
1828m

黒部湖
1455m

黒部ダム
1470m

扇沢
1433m

日向山高原
893m

大町温泉郷

信濃大町

長野

立山ロープウェイ

黒部ケーブルカー

徒歩

関電トンネル電気バス

路線バス

特急バス

7分
(.7km)

5分
(0.8km)

約15分
(0.6km)

16分
(6.1km)

40分(18km)

65分
(48.9km)

105分(66.9km)

67 北陸鉄道
HOKURIKU RAILROAD Co., Ltd.

社　　名	北陸鉄道株式会社	営業キロ	20.6キロ
営業範囲	石川県	路線数	2路線
営業開始	1943（昭和18）年	駅　　数	29駅

北陸鉄道

Route Map HO

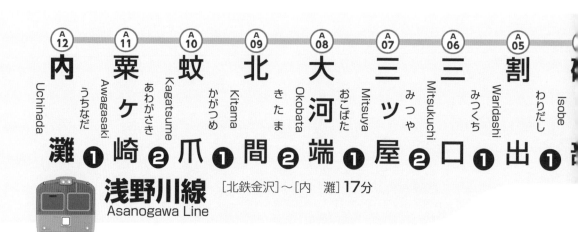

A12	A11	A10	A09	A08	A07	A06	A05	
内	粟ヶ崎	蚊爪	北間	大河端	三ツ屋	三ツ口	割出	磯
Uchinada	Awagasaki	Kagatsume	Kitama	Okobata	Mitsuya	Mitsukuchi	Waridashi	Isobe
うちなだ	あわがさき	かがつめ	きたま	おこばた	みつや	みつくち	わりだし	いそべ
灘 ❶	❷	❶	❷	❶	❷	❶	❶	

浅野川線
Asanogawa Line
［北鉄金沢］～［内　灘］17分

□JR線のりかえ

I01	I02	I03	I04	I05	I06	I07	I08	
野町	西泉	新西金沢	押野	野々市	野々市工大前	馬替	額住宅前	乙
Nomachi	Nishiizumi	Shin-nishikanazawa	Oshino	Nonoichi	NonoichiKodai-mae	Magae	Nukajutaku-mae	Otomaru
のまち	にしいずみ	しんにしかなざわ	おしの	ののいち	ののいちこうだいまえ	まがえ	ぬかじゅうたくまえ	
❷	❷	❷	❷	❶	❷	❶	❷	

石川線
Ishikawa Line
［野　町］～［鶴　来］29分

[鉄道路線図]

U RAIL ROAD.CO.,LTD

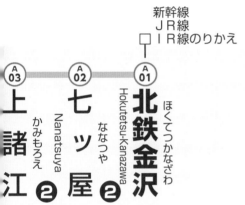

新幹線
JR線
□ IR線のりかえ

A 03	A 02	A 01	
上諸江	七ツ屋	北鉄金沢	
かみもろえ	ななつや	ほくてつかなざわ	
		Hokutetsu-Kanazawa	
❷	❷		

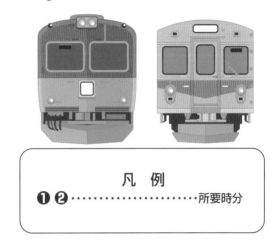

凡　例
❶❷‥‥‥‥‥‥‥‥‥‥‥‥所要時分

I 10	I 11	I 12	I 13	I 14	I 15	I 16	I 17
四十万	陽羽里	曽谷	道法寺	井口	小柳	日御子	鶴来
しじま	ひばり	そだに	どうほうじ	いのくち	おやなぎ	ひのみこ	つるぎ
Shijima	Hibari	Sodani	Dohoji	Inokuchi	Oyanagi	Hinomiko	Tsurugi
❷	❶	❷	❷	❷	❷	❷	

68 IRいしかわ鉄道
IR Ishikawa Railway Co., Ltd.

社　名	IRいしかわ鉄道株式会社	営業キロ	17.8キロ
営業範囲	石川県	路線数	1路線
営業開始	2015（平成27）年	駅　数	5駅

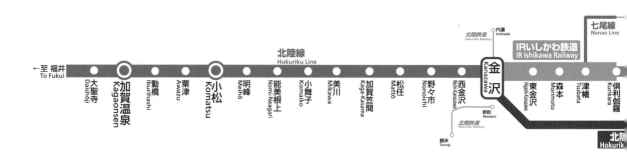

69 えちぜん鉄道
Echizen Railway

社　名	えちぜん鉄道株式会社	営業キロ	53.0キロ
営業範囲	福井県	路線数	2路線
営業開始	2003（平成15）年	駅　数	44駅

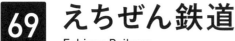

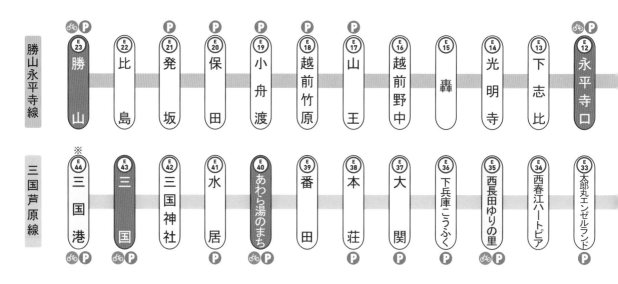

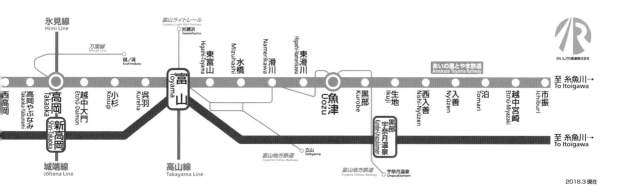

氷見線
Himi Line

万葉線
Man'yō Line

越ノ潟
Koshinokata

富山ライトレール
Toyama Light Rail Portram

岩瀬浜
Iwasehama

東富山
Higashi-Toyama

水橋
Mizuhashi

滑川
Namerikawa

東滑川
Higashi-Namerikawa

あいの風とやま鉄道
Ainokaze Toyama Railway

至 糸魚川→
To Itoigawa

西高岡
Nishi-Takaoka

高岡やぶなみ
Takaoka-Yabunami

高岡
Takaoka

越中大門
Etchū-Daimon

小杉
Kosugi

呉羽
Kureha

富山
Toyama

魚津
Uozu

黒部
Kurobe

生地
Ikuji

西入善
Nishi-Nyūzen

入善
Nyūzen

泊
Tomari

越中宮崎
Etchū-Miyazaki

市振
Ichiburi

新高岡
Shin-Takaoka

城端線
Jōhana Line

高山線
Takayama Line

立山
Tateyama

富山地方鉄道
Toyama Chihou Railway

黒部宇奈月温泉
Kurobe-Unazukionsen

宇奈月温泉
Unazukionsen

富山地方鉄道
Toyama Chihou Railway

至 糸魚川→
To Itoigawa

IRいしかわ鉄道株式会社

2018.3 現在

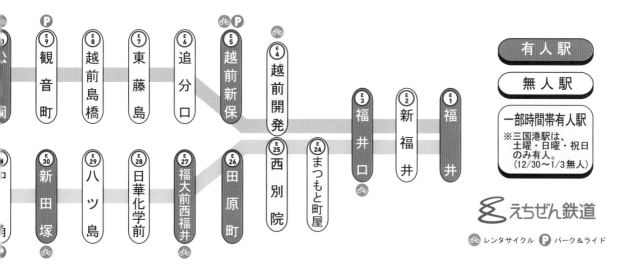

E9 観音町	E8 越前島橋	E7 東藤島	E6 追分口	E5 越前新保	E4 越前開発	E3 福井口	E2 新福井	E1 福井
E30 新田塚	E29 八ツ島	E28 日華化学前	E27 福大前西福井	E26 田原町	E25 西別院	E24 まつもと町屋		

有人駅

無人駅

一部時間帯有人駅
※三国港駅は、土曜・日曜・祝日のみ有人。
（12/30〜1/3無人）

えちぜん鉄道

レンタサイクル　P パーク＆ライド

えちぜん鉄道のこの黒板風の路線案内図は、福井駅構内に
あるインフォメーションカフェ「たびのは」に設置されている。

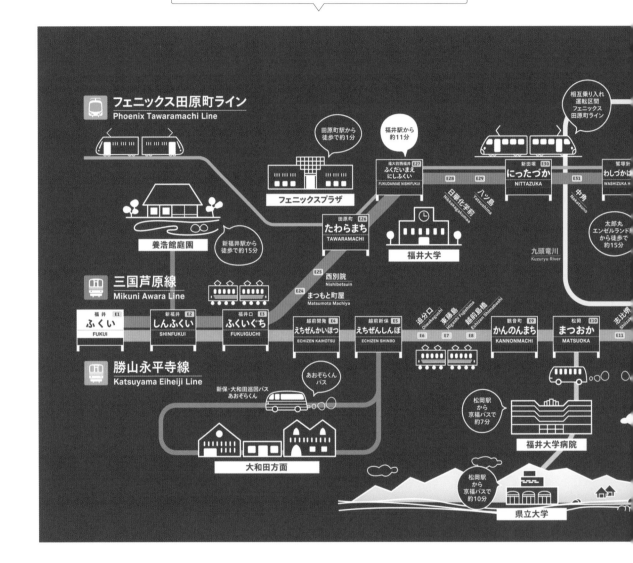

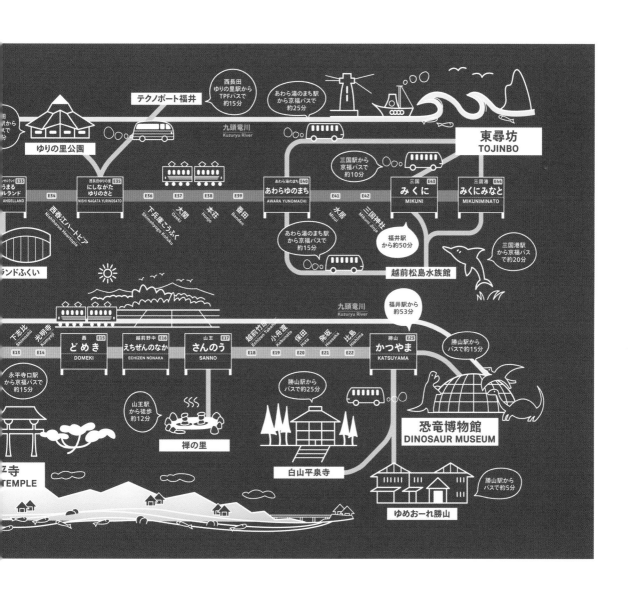

路線図デザイン

富士フイルムイメージングシステムズ
八島デザイン事務所
METROPLEX

70 福井鉄道
FUKUI RAILWAY Co., Ltd.

社　名	福井鉄道株式会社	営業キロ	21.5キロ
営業範囲	福井県	路線数	1路線
営業開始	1945（昭和20）年	駅　数	25駅

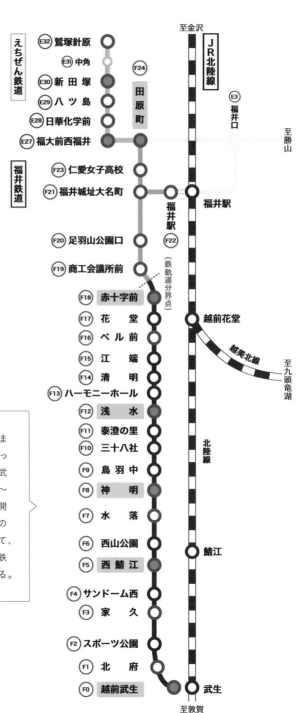

福井鉄道は県内のさまざまな鉄道会社が合併して成っており、1914（大正3）年、武岡軽便鉄道として新武生〜五分市間（旧南越線）が開通したことにはじまる。その後、いくつかの変遷を経て、1945（昭和20）年に福井鉄道が設立され、現在に至る。

71 万葉線
Manyosen Co., Ltd.

社　名	万葉線株式会社	営業キロ	12.9キロ
営業範囲	富山県	路線数	2路線
営業開始	2002（平成14）年	駅　数	25駅

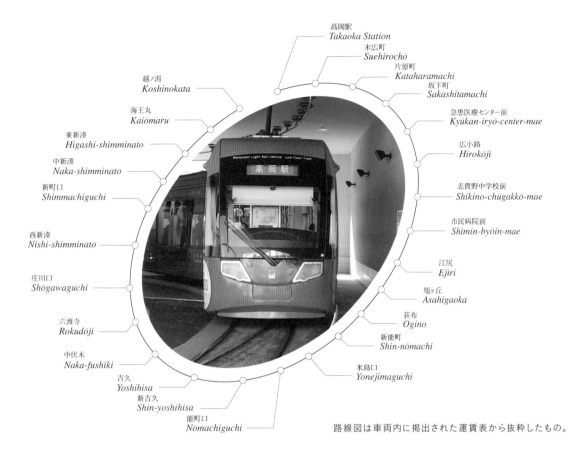

高岡駅
Takaoka Station

末広町
Suehirochō

片原町
Kataharamachi

坂下町
Sakashitamachi

越ノ潟
Koshinokata

海王丸
Kaiōmaru

東新湊
Higashi-shimminato

中新湊
Naka-shimminato

新町口
Shimmachiguchi

西新湊
Nishi-shimminato

庄川口
Shōgawaguchi

六渡寺
Rokudōji

中伏木
Naka-fushiki

吉久
Yoshihisa

新吉久
Shin-yoshihisa

能町口
Nomachiguchi

急患医療センター前
Kyūkan-iryō-center-mae

広小路
Hirokōji

志貴野中学校前
Shikino-chūgakkō-mae

市民病院前
Shimin-byōin-mae

江尻
Ejiri

旭ヶ丘
Asahigaoka

荻布
Ogino

新能町
Shin-nōmachi

米島口
Yonejimaguchi

路線図は車両内に掲出された運賃表から抜粋したもの。

72 のと鉄道
Noto Tetudou Corporation.

社　名	のと鉄道株式会社	営業キロ	33.1キロ
営業範囲	石川県	路線数	1路線
営業開始	1988（昭和63）年	駅　数	8駅

のと鉄道路線図

穴水
Anamizu

能登鹿島
Noto-Kashima

西岸
Nishigishi

能登中島
Noto-Nakajima

笠師保
Kasashiho

田鶴浜
Tatsuruhama

和倉温泉
WakuraOnsen

七尾
Nanao

のと鉄道
Noto Tetsudou

JR七尾線
JR Nanao Line

東海地方

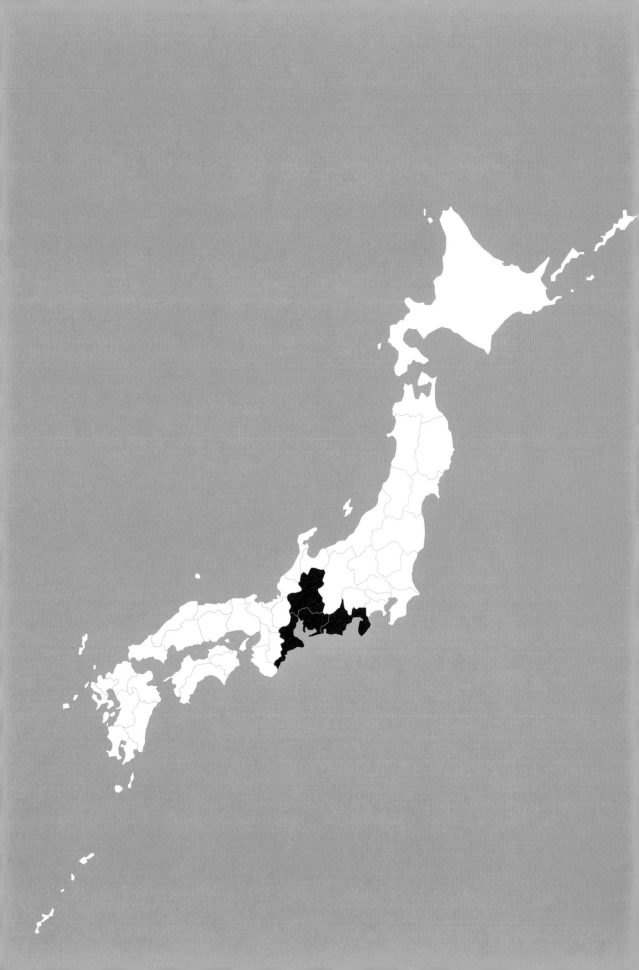

静岡鉄道「静

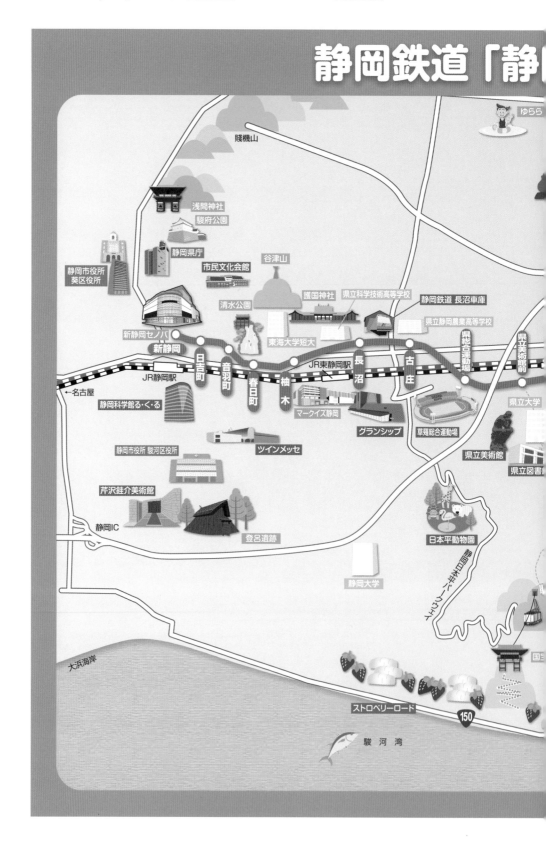

ゆらら

賤機山

浅間神社

駿府公園

静岡県庁

静岡市役所
葵区役所

市民文化会館

谷津山

清水公園

護国神社

県立科学技術高等学校

静岡鉄道 長沼車庫

県立静岡農業高等学校

県総合運動場

県立美術館前

県立大学

新静岡セノバ

新静岡

東海大学短大

日吉町

音羽町

JR東静岡駅

長沼

古庄

JR静岡駅

←名古屋

春日町

柚木

静岡科学館る・く・る

マークイズ静岡

草薙総合運動場

静岡市役所 駿河区役所

グランシップ

県立美術館

県立図書

ツインメッセ

芹沢銈介美術館

静岡IC

登呂遺跡

日本平動物園

静岡大学

大浜海岸

ストロベリーロード

150

駿河湾

清水線」路線図

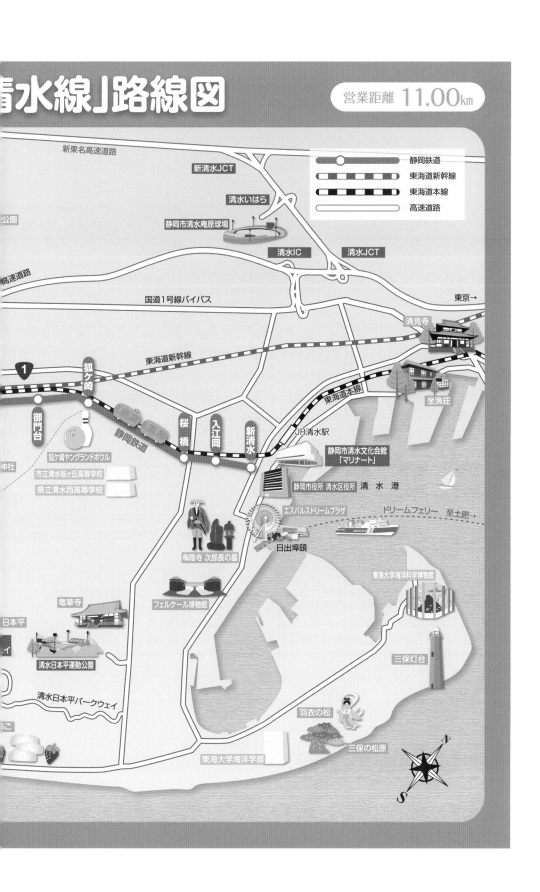

静岡鉄道
東海道新幹線
東海道本線
高速道路

新東名高速道路
新清水JCT
清水いはら
静岡市清水庵原球場
清水IC
清水JCT
高速道路
国道1号線バイパス
東京→
清見寺
東海道新幹線
坐漁荘
狐ケ崎
静岡鉄道
東海道本線
御門台
桜橋
入江岡
新清水
JR清水駅
狐ケ崎ヤングランドボウル
静岡市清水文化会館「マリナート」
市立清水桜ケ丘高等学校
県立清水西高等学校
静岡市役所 清水区役所　清水港
エスパルスドリームプラザ
ドリームフェリー　至土肥→
梅蔭寺 次郎長の墓
日出埠頭
東海大学海洋科学博物館
竜華寺
フェルケール博物館
日本平
三保灯台
清水日本平運動公園
清水日本平パークウェイ
羽衣の松
三保の松原
東海大学海洋学部

大井川鐵道
Oigawa Railway Co., Ltd.

社　　名	大井川鐵道株式会社	営業キロ	65.0キロ
営業範囲	静岡県	路線数	2路線
営業開始	1927（昭和27）年	駅　数	32駅

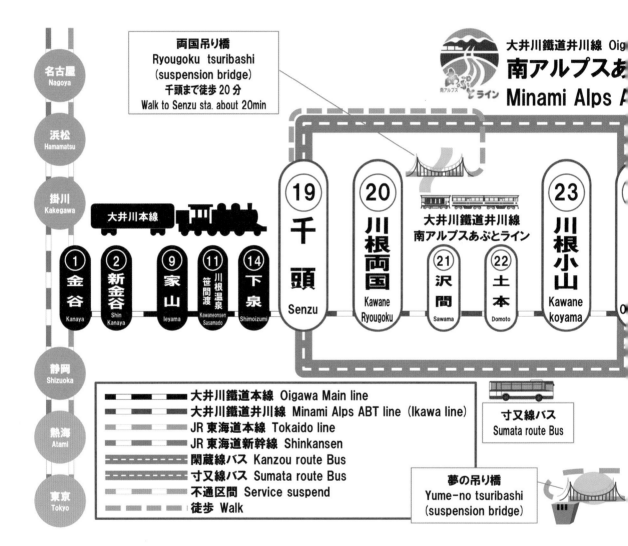

両国吊り橋
Ryougoku tsuribashi
(suspension bridge)
千頭まで徒歩20分
Walk to Senzu sta. about 20min

大井川鐵道井川線 Oig
南アルプスあ
Minami Alps A

名古屋
Nagoya

浜松
Hamamatsu

掛川
Kakegawa

静岡
Shizuoka

熱海
Atami

東京
Tokyo

大井川本線

① 金谷 Kanaya
② 新金谷 Shin Kanaya
⑨ 家山 Ieyama
⑪ 川根温泉笹間渡 Kawaneonsen Sasamado
⑭ 下泉 Shimoizumi
19 千頭 Senzu
20 川根両国 Kawane Ryougoku

大井川鐵道井川線
南アルプスあぷとライン

21 沢間 Sawama
22 土本 Domoto
23 川根小山 Kawane koyama

大井川鐵道本線　Oigawa Main line
大井川鐵道井川線　Minami Alps ABT line（Ikawa line）
JR東海道本線　Tokaido line
JR東海道新幹線　Shinkansen
閑蔵線バス　Kanzou route Bus
寸又線バス　Sumata route Bus
不通区間　Service suspend
徒歩　Walk

寸又線バス
Sumata route Bus

夢の吊り橋
Yume-no tsuribashi
(suspension bridge)

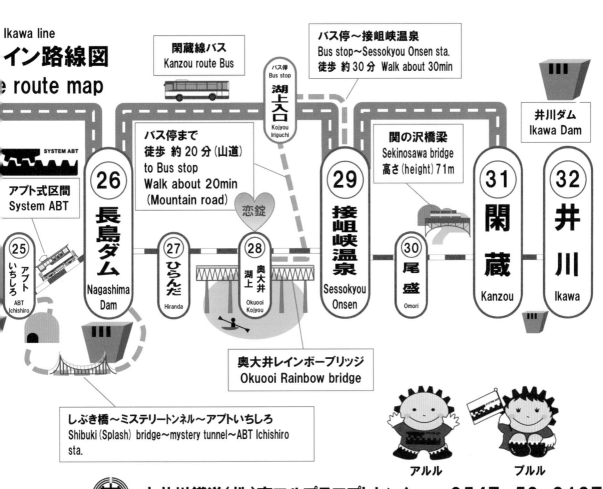

Ikawa line
イン路線図
e route map

閑蔵線バス
Kanzou route Bus

バス停〜接岨峡温泉
Bus stop〜Sessokyou Onsen sta.
徒歩 約30分 Walk about 30min

バス停
Bus stop
湖上入口
Kojyou
Iriguchi

井川ダム
Ikawa Dam

SYSTEM ABT

アプト式区間
System ABT

バス停まで
徒歩 約20分（山道）
to Bus stop
Walk about 20min
(Mountain road)

恋錠

関の沢橋梁
Sekinosawa bridge
高さ（height）71m

26
長島ダム
Nagashima
Dam

29
接岨峡温泉
Sessokyou
Onsen

31
閑蔵
Kanzou

32
井川
Ikawa

25
アプト
いちしろ
ABT
Ichishiro

27
ひらんだ
Hiranda

28
奥大井
湖上
Okuooi
Kojyou

30
尾盛
Omori

奥大井レインボーブリッジ
Okuooi Rainbow bridge

しぶき橋〜ミステリートンネル〜アプトいちしろ
Shibuki (Splash) bridge〜mystery tunnel〜ABT Ichishiro
sta.

アルル

プルル

大井川鐵道（株）南アルプスアプトセンター　0547-59-2137

75 天竜浜名湖鉄道
Tenryu Hamanako Railroad Co., Ltd.

社　名	天竜浜名湖鉄道株式会社	営業キロ	67.7キロ
営業範囲	静岡県	路線数	1路線
営業開始	1935（昭和10）年	駅数	39駅

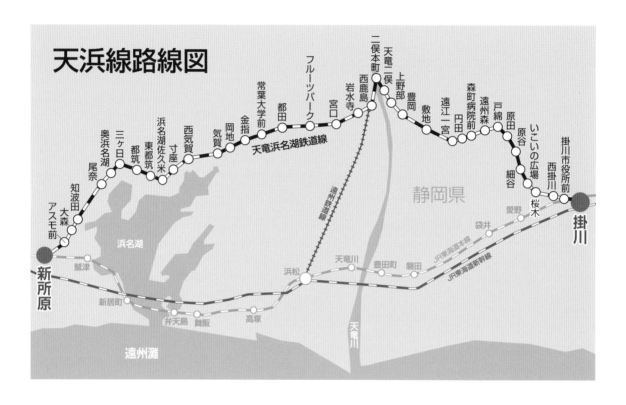

天浜線路線図

77 遠州鉄道
Enshu Railway Co., Ltd.

社　名	遠州鉄道株式会社	営業キロ	17.8キロ
営業範囲	静岡県	路線数	1路線
営業開始	1943（昭和18）年	駅数	18駅

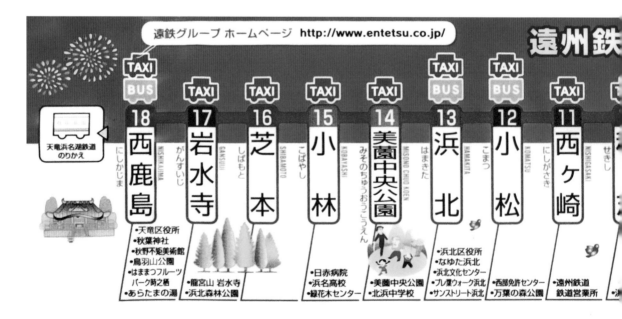

76 岳南電車
Gakunan Electric Train

社　　名	岳南電車株式会社	営業キロ	9.2キロ
営業範囲	静岡県	路線数	1路線
営業開始	1949（昭和24）年	駅　　数	10駅

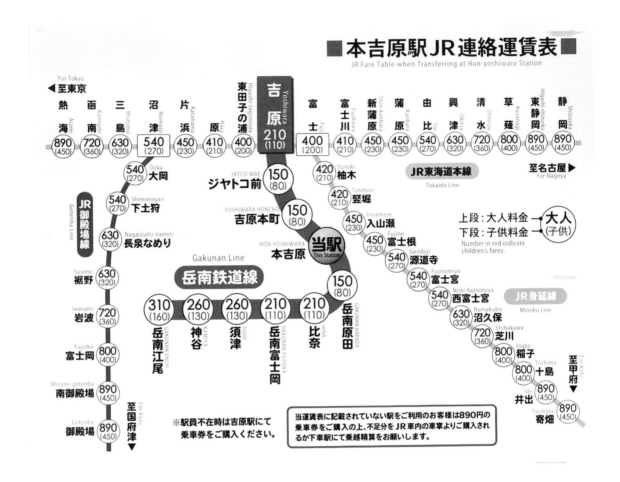

■本吉原駅JR連絡運賃表■
JR Fare Table when Transferring at Hon-yoshiwara Station

For Tokyo
◀至東京

熱海 Atami 890 (450)
函南 Kannami 720 (360)
三島 Mishima 630 (320)
沼津 Numazu 540 (270)
片浜 Katahama 450 (230)
原 Hara 410 (210)
東田子の浦 Higashi-tagonoura 400 (200)
吉原 Yoshiwara 210 (110)
富士 Fuji 400 (200)
富士川 Fujikawa 410 (210)
新蒲原 Shin-kanbara 450 (230)
蒲原 Kanbara 450 (230)
由比 Yui 540 (270)
興津 Okitsu 540 (270)
清水 Shimizu 630 (320)
草薙 Kusanagi 720 (360)
東静岡 Higashi-shizuoka 800 (400)
静岡 Shizuoka 890 (450)

至名古屋▶
For Nagoya

大岡 Ōoka 540 (270)
下土狩 Shimotogari 540 (270)
長泉なめり Nagaizumi-nameri 630 (320)

JR御殿場線 Gotenba Line

裾野 Susono 630 (320)
岩波 Iwanami 720 (360)
富士岡 Fujioka 800 (400)
南御殿場 Minami-gotenba 890 (450)
御殿場 Gotenba 890 (450)

至国府津▼ For Kōzu

ジヤトコ前 JATCO-MAE 150 (80)
吉原本町 YOSHIWARA HONCHO 150 (80)
本吉原 HON YOSHIWARA 当駅 This Station

Gakunan Line
岳南鉄道線

岳南江尾 GAKUNAN-ENOO 310 (160)
神谷 KAMIYA 260 (130)
須津 SUDO 260 (130)
岳南富士岡 GAKUNAN FUJIOKA 210 (110)
比奈 HINA 210 (110)
岳南原田 GAKUNAN HARADA 150 (80)

柚木 Yunoki 420 (210)
竪堀 Tatebori 420 (210)
入山瀬 Iriyamase 450 (230)
富士根 Fujine 450 (230)
源道寺 Gendoji 540 (270)
富士宮 Fujinomiya 540 (270)
西富士宮 Nishi-fujinomiya 540 (270)
沼久保 Numakubo 630 (320)
芝川 Shibakawa 720 (360)
稲子 Inako 800 (400)
十島 Tōshima 800 (400)
井出 Ide 890 (450)
寄畑 Yorihata 890 (450)

JR東海道本線 Tokaido Line

上段：大人料金 → 大人 (大人)
下段：子供料金 → (子供)
Number in red indicate children's fares.

JR身延線 Minobu Line

至甲府▶ For Kōfu

※駅員不在時は吉原駅にて乗車券をご購入ください。

当運賃表に記載されていない駅をご利用のお客様は890円の乗車券をご購入の上、不足分をJR車内の車掌よりご購入されるか下車駅にて乗越精算をお願いします。

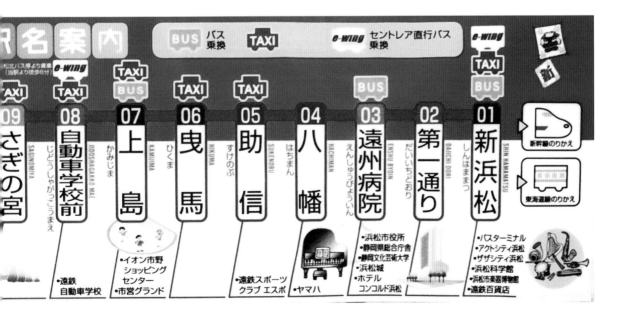

JR名案内

BUS バス乗換　TAXI　e-wing セントレア直行バス乗換

09 さぎの宮 SAGINOMIYA

08 自動車学校前 JIDOSHAGAKKO MAE
・遠鉄自動車学校

07 上島 KAMIJIMA
・イオン市野ショッピングセンター
・市営グランド

06 曳馬 HIKUMA

05 助信 SUKENOBU
・遠鉄スポーツクラブ エスポ

04 八幡 HACHIMAN
・ヤマハ

03 遠州病院 ENSHU BYOIN
・浜松市役所
・静岡県総合庁舎
・静岡文化芸術大学
・浜松城
・ホテルコンコルド浜松

02 第一通り DAIICHI DORI

01 新浜松 SHIN HAMAMATSU
・バスターミナル
・アクトシティ浜松
・ザザシティ浜松
・浜松科学館
・浜松市楽器博物館
・遠鉄百貨店

新幹線のりかえ

東海道線のりかえ

78 伊豆箱根鉄道
IZUHAKONE RAILWAY CO., LTD.

社　　名	伊豆箱根鉄道株式会社	営業キロ	29.4キロ
営業範囲	静岡県・神奈川県	路線数	2路線
営業開始	1898(明治31)年	駅　数	25駅

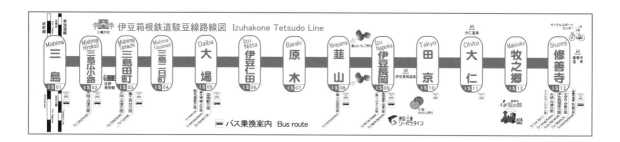

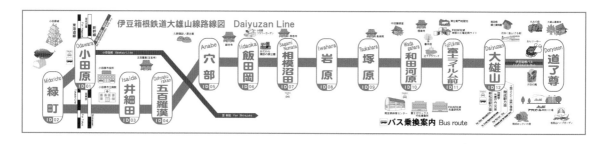

79 伊豆急行
Izukyu Co., Ltd.

社　　名	伊豆急行株式会社	営業キロ	45.7キロ
営業範囲	静岡県	路線数	1路線
営業開始	1961(昭和36)年	駅　数	16駅

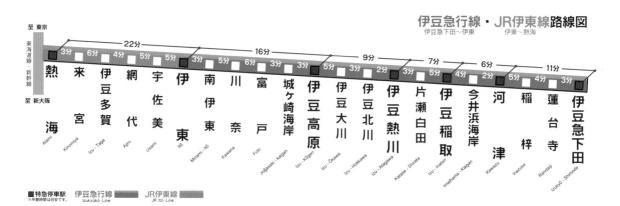

80 愛知環状鉄道
Aichi Loop Line CO,. LTD.

社　　名	愛知環状鉄道株式会社	営業キロ	45.3キロ
営業範囲	愛知県	路線数	1路線
営業開始	1988(昭和63)年	駅　数	23駅

愛知環状鉄道 Aichi loop railway line

01	02	03	04	05	06	07	08	09	10	11	12	13	14	15	16	17	18	19	20	21	22	23

- 岡崎 Okazaki （JR東海道本線）
- 六名 Mutsuna
- 中岡崎 Naka-okazaki （名鉄名古屋本線）
- 北岡崎 Kita-okazaki
- 大門 Daimon
- 北野枡塚 Kitanomasuzuka
- 三河上郷 Mikawa-kamigō
- 永覚 Ekaku
- 末野原 Suenohara
- 三河豊田 Mikawa-toyota
- 新上挙母 Shin-uwagoromo
- 新豊田 Shin-toyota （名鉄豊田線）
- 愛環梅坪 Aikan-umetsubo （名鉄三河線）
- 四郷 Shigō
- 貝津 Kaizu
- 保見 Homi
- 篠原 Sasabara
- 八草 Yakusa （リニモ）
- 山口 Yamaguchi
- 瀬戸口 Setoguchi
- 瀬戸市 Setoshi （名鉄瀬戸線）
- 中水野 Nakamizuno
- 高蔵寺 Kōzōji （JR中央本線）

81 リニモ
Aichi Rapid Transit Co., Ltd.

社　　名	愛知高速交通株式会社	営業キロ	8.9キロ
営業範囲	愛知県	路線数	1路線
営業開始	2005(平成17)年	駅　数	9駅

■Linimo
リニモ路線案内図　Linimo Map

- 地下鉄東山線 Subway Higashiyama Line
- 藤が丘 Fujigaoka L01
- 3分/min
- はなみずき通 Hanamizuki-dori L02
- 2分/min
- 杁ヶ池公園 Ingake Koen L03
- 2分/min
- 長久手古戦場 Nagakute Kosenjo （イオンモール長久手 前） L04
- 2分/min
- 芸大通 Geidai-dori （トヨタ博物館前） L05
- 2分/min
- 公園西 Koen Nishi L06
- 2分/min
- 愛・地球博記念公園 Ai-Chikyuhaku Kinen Koen （愛知県立大学前） L07
- 2分/min
- 陶磁資料館南 Tojishiryokan Minami L08
- 2分/min
- 八草 Yakusa （愛知工業大学前） L09
- 愛知環状鉄道線 Aichi Loop Line

82 豊橋鉄道

Toyohashi Railroad Co., Ltd.

社　　名	豊橋鉄道株式会社	営業キロ	23.4キロ
営業範囲	愛知県	路線数	2路線
営業開始	1924(大正13)年	駅　　数	30駅

渥美線路線案内

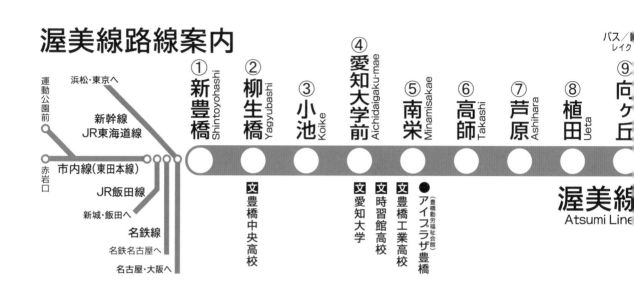

運動公園前
浜松・東京へ

新幹線
JR東海道線

市内線(東田本線)

JR飯田線

新城・飯田へ

名鉄線

名鉄名古屋へ

名古屋・大阪へ

赤岩口

① 新豊橋 Shintoyohashi
② 柳生橋 Yagyubashi
③ 小池 Koike
④ 愛知大学前 Aichidaigaku-mae
⑤ 南栄 Minamisakae
⑥ 高師 Takashi
⑦ 芦原 Ashihara
⑧ 植田 Ueta
⑨ 向ヶ丘

バス／レイク

文 豊橋中央高校
文 豊橋工業高校
文 時習館高校
文 愛知大学
● (豊橋勤労福祉会館) アイプラザ豊橋

渥美線 Atsumi Line

市内電車路線案内 Tram Track Map

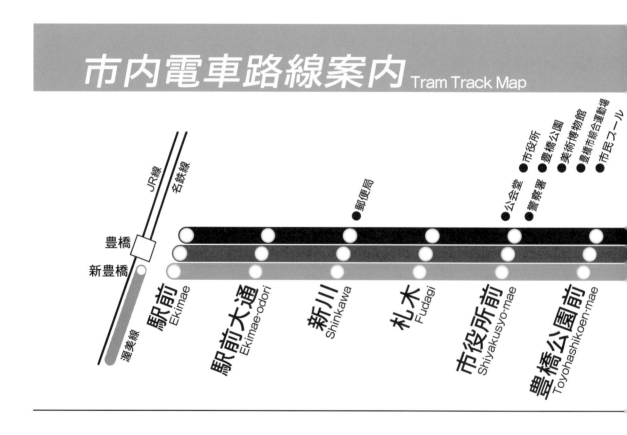

JR線
名鉄線

豊橋
新豊橋
渥美線

公会堂
市役所
豊橋公園
美術博物館
豊橋市総合運動場
市民プール
警察署

郵便局

駅前 Ekimae
駅前大通 Ekimae-odori
新川 Shinkawa
札木 Fudagi
市役所前 Shiyakusyo-mae
豊橋公園前 Toyohashikoen-mae

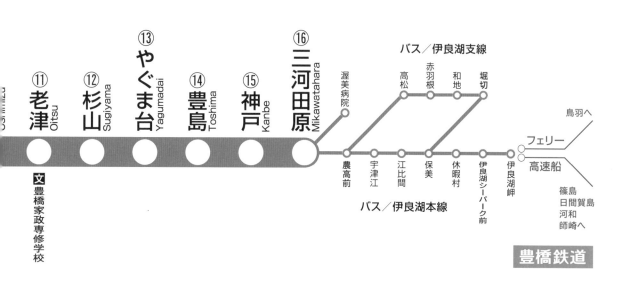

⑪ 老津 Oitsu

⑫ 杉山 Sugiyama

⑬ やぐま台 Yagumadai

⑭ 豊島 Toshima

⑮ 神戸 Kanbe

⑯ 三河田原 Mikawatahara

文 豊橋家政専修学校

バス／伊良湖支線

渥美病院

高松

赤羽根

和地

堀切

鳥羽へ

フェリー

高速船

農高前

宇津江

江比間

保美

休暇村

伊良湖シーパーク前

伊良湖岬

篠島
日間賀島
河和
師崎へ

バス／伊良湖本線

豊橋鉄道

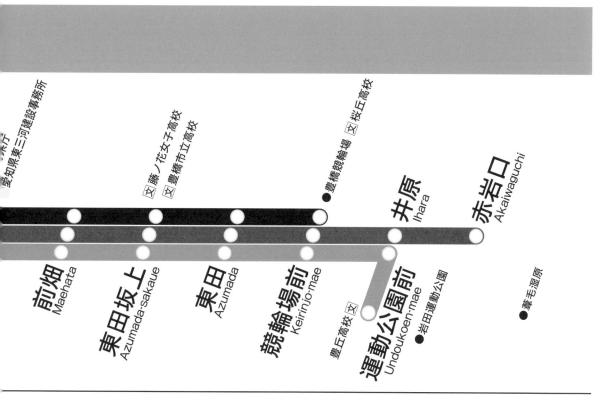

愛知県東三河建設事務所

文 藤ノ花女子高校

文 豊橋市立高校

豊橋競輪場

文 桜丘高校

井原 Ihara

赤岩口 Akaiwaguchi

前畑 Maehata

東田坂上 Azumada-sakaue

東田 Azumada

競輪場前 Keirinjo-mae

豊丘高校 文

運動公園前 Undoukoen-mae

岩田運動公園

葦毛温原

豊橋鉄道

社　　名	名古屋鉄道株式会社	営業キロ	444.2キロ
営業範囲	愛知県・岐阜県	路線数	20路線
営業開始	1894（明治27）年	駅　　数	275駅

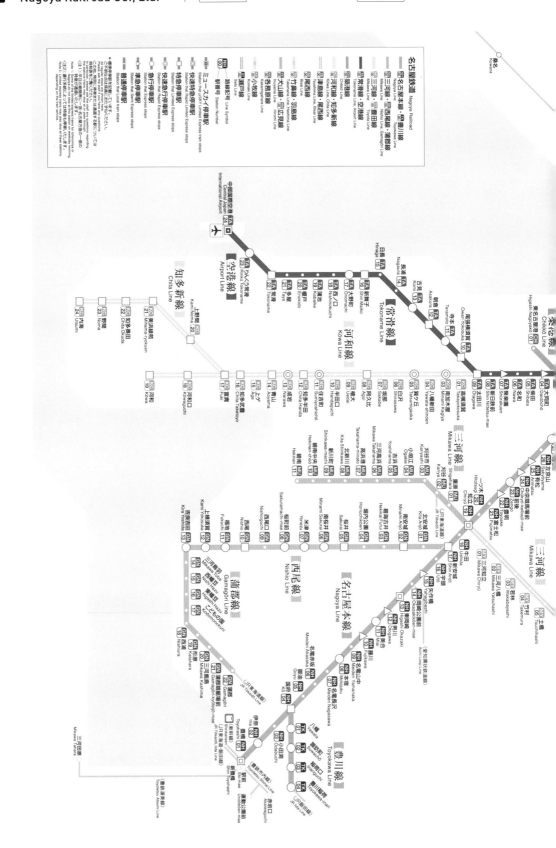

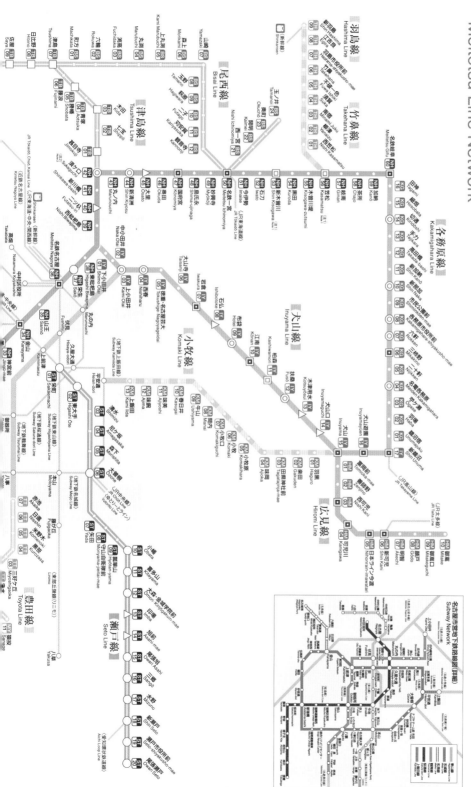

名鉄線路線案内図
Meitetsu Line Network

名古屋市営地下鉄路線図（詳細）
Subway Network

社　　名	名古屋市交通局	営業キロ	93.0キロ
営業範囲	愛知県	路線数	6路線
営業開始	1957(昭和32)年	駅　　数	87駅

地下鉄案内図
Subway Network

き yellow **H** 東山線
Higashiyama Line

むらさき purple **M** 名城線
Meijo Line

E 名港線
Meiko Line

あお blue **T** 鶴舞線
Tsurumai Line

あか red **S** 桜通線
Sakura-dori Line

もも pink **K** 上飯田線
Kamiiida Line

名鉄小牧線犬山駅まで直通運転
Through service to Inuyama Station on the Meitetsu Komaki Line

上飯田
Kamiiida

平安通
Heian-dori

M12

大曽根
Ozone

M13

ゆとりーとライン
Yutorito Line

ゴヤドーム前 矢田
Nagoya Dome-mae Yada

M14 砂田橋
Sunada-bashi

M 名城線
Meijo Line

M15 茶屋ヶ坂
Chayagasaka

H 東山線
Higashiyama Line

車道
Kurumamichi

M16 自由ヶ丘
Jiyugaoka

今池
Imaike

本山
Motoyama

星ヶ丘
Hoshigaoka

一社
Issha

上社
Kamiyashiro

藤が丘
Fujigaoka

H14 H15 H16 H17 H17 H18 H19 H20 H21 H22

池下
Ikeshita

覚王山
Kakuozan

東山公園
Higashiyama Koen
(Higashiyama Park)

本郷
Hongo

リニモ
Linimo

吹上
Fukiage

M18 名古屋大学
Nagoya Daigaku

御器所
Gokiso

T13

M19 八事日赤
Yagoto Nisseki

川名
Kawana

T14

桜山
Sakurayama

いりなか
Irinaka

八事
Yagoto

塩釜口
Shiogama-
guchi

T 鶴舞線
Tsurumai Line

瑞穂区役所
Mizuho Kuyakusho

M20 T15 T16 T17 T18 T19 T20

植田
Ueda

原
Hara

平針
Hirabari

赤池
Akaike

M21 総合リハビリセンター
Sogo Rihabiri Center

名鉄豊田線
豊田市駅まで
直通運転
Through service to Toyotashi
Station on the Meitetsu
Toyota Line

瑞穂運動場西
Mizuho Undojo Nishi

M22 瑞穂運動場東
Mizuho Undojo Higashi

S 桜通線
Sakura-dori Line

鶴里
Tsurusato

野並
Nonami

鳴子北
Naruko Kita

M23 S14 S15 S16 S17 S18 S19 S20 S21

M24

妙音通
Myoon-dori

新瑞橋
Aratama-bashi

桜本町
Sakura-hommachi

相生山
Aioiyama

神沢
Kamisawa

徳重
Tokushige

85 あおなみ線
Nagoya Rinkai Rapid Transit Company

社　　名	名古屋臨海高速鉄道株式会社	営業キロ	15.2キロ
営業範囲	愛知県	路線数	1路線
営業開始	2004（平成16）年	駅　数	11駅

運賃表 Fare Chart

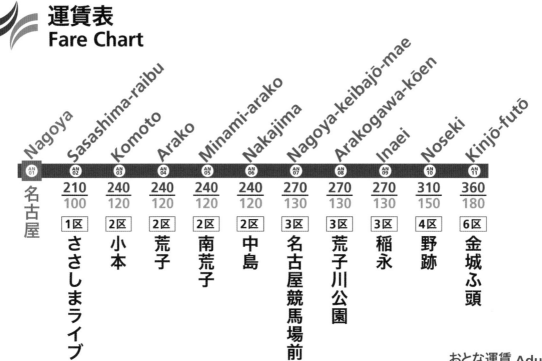

おとな運賃 Adult
こども運賃 Child

86 城北線
Tokai Transport Service Company.

社　　名	株式会社東海交通事業	営業キロ	11.2キロ
営業範囲	愛知県	路線数	1路線
営業開始	1991（平成3）年	駅　数	6駅

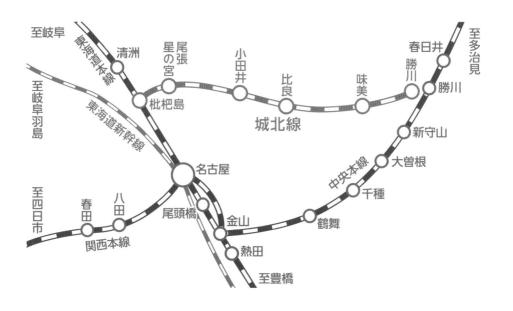

87 ゆとりーとライン

Nagoya GuideWay-Bus Co., Ltd.

社　　名	名古屋ガイドウェイバス株式会社	営業キロ	6.5キロ
営業範囲	愛知県	路線数	1路線
営業開始	2001（平成13）年	駅　数	9駅

ゆとりーとラインは、異なる事業者が一本の路線を協同で連続運行している。そのため路線図は、大曽根〜小幡緑地の高架専用軌道区間（ゆとりーとライン）だけでなく、名古屋市交通局を事業者とする竜泉寺口〜高蔵寺の平面一般道路区間も含んでいる。

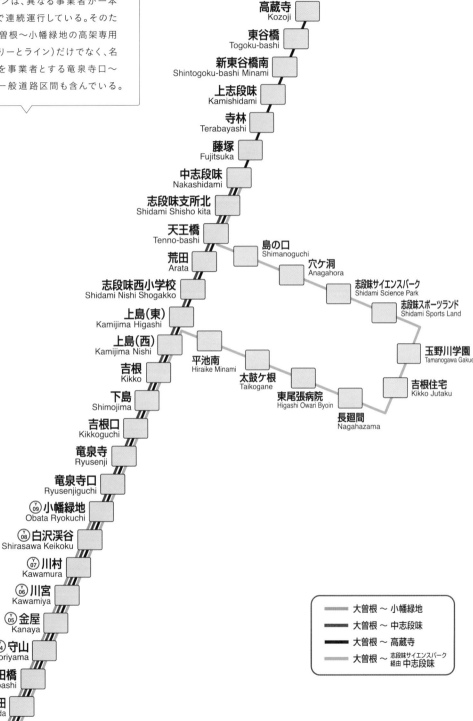

高蔵寺 Kozoji
東谷橋 Togoku-bashi
新東谷橋南 Shintogoku-bashi Minami
上志段味 Kamishidami
寺林 Terabayashi
藤塚 Fujitsuka
中志段味 Nakashidami
志段味支所北 Shidami Shisho kita
天王橋 Tenno-bashi
荒田 Arata
志段味西小学校 Shidami Nishi Shogakko
上島（東）Kamijima Higashi
上島（西）Kamijima Nishi
吉根 Kikko
下島 Shimojima
吉根口 Kikkoguchi
竜泉寺 Ryusenji
竜泉寺口 Ryusenjiguchi

島の口 Shimanoguchi
穴ケ洞 Anagahora
志段味サイエンスパーク Shidami Science Park
志段味スポーツランド Shidami Sports Land
玉野川学園 Tamanogawa Gakuen
吉根住宅 Kikko Jutaku
平池南 Hiraike Minami
太鼓ケ根 Taikogane
東尾張病院 Higashi Owari Byoin
長廻間 Nagahazama

Ｙ09 小幡緑地 Obata Ryokuchi
Ｙ08 白沢渓谷 Shirasawa Keikoku
Ｙ07 川村 Kawamura
Ｙ06 川宮 Kawamiya
Ｙ05 金屋 Kanaya
Ｙ04 守山 Moriyama
Ｙ03 砂田橋 Sunada-bashi
Ｙ02 ナゴヤドーム前矢田 Nagoya Dome-mae Yada
Ｙ01 大曽根 Ozone

大曽根 〜 小幡緑地	
大曽根 〜 中志段味	
大曽根 〜 高蔵寺	
大曽根 〜 志段味サイエンスパーク経由 中志段味	

88 明知鉄道
Akechi railroad company

社　　名	明知鉄道株式会社	営業キロ	25.1キロ
営業範囲	岐阜県	路 線 数	1路線
営業開始	1985(昭和60)年	駅　　数	11駅

明知鉄道路線図 平成23年3月12日現在

明知鉄道は昭和60年11月に国鉄明知線を引き継ぎ、第三セクター明知鉄道として開業。恵那駅から終点明智駅までの25.1kmを11駅でつないでいます。沿線にはみどころがたくさん！ガタンゴトンと列車の旅をお楽しみください。

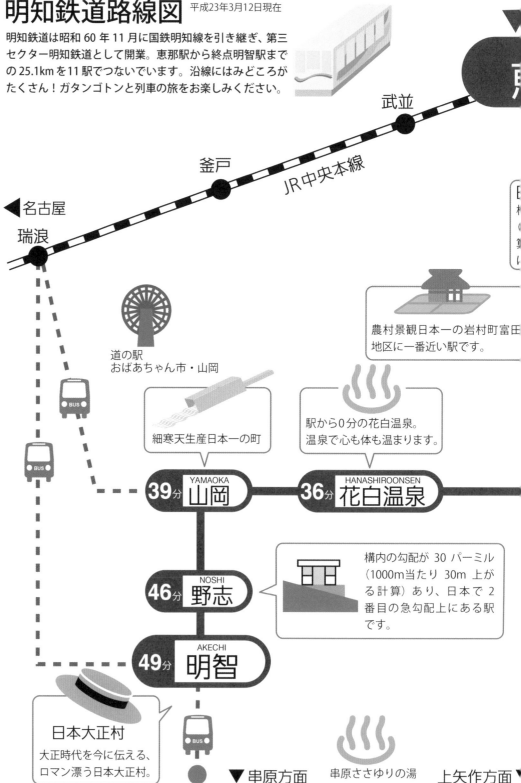

武並

釜戸

JR中央本線

◀名古屋

瑞浪

道の駅
おばあちゃん市・山岡

農村景観日本一の岩村町富田
地区に一番近い駅です。

細寒天生産日本一の町

駅から0分の花白温泉。
温泉で心も体も温まります。

39分 YAMAOKA 山岡　　**36分** HANASHIROONSEN 花白温泉

構内の勾配が30パーミル
(1000m当たり30m上が
る計算)あり、日本で2
番目の急勾配上にある駅
です。

46分 NOSHI 野志

49分 AKECHI 明智

日本大正村
大正時代を今に伝える、
ロマン漂う日本大正村。

▼串原方面　　串原ささゆりの湯　　上矢作方面 ▼

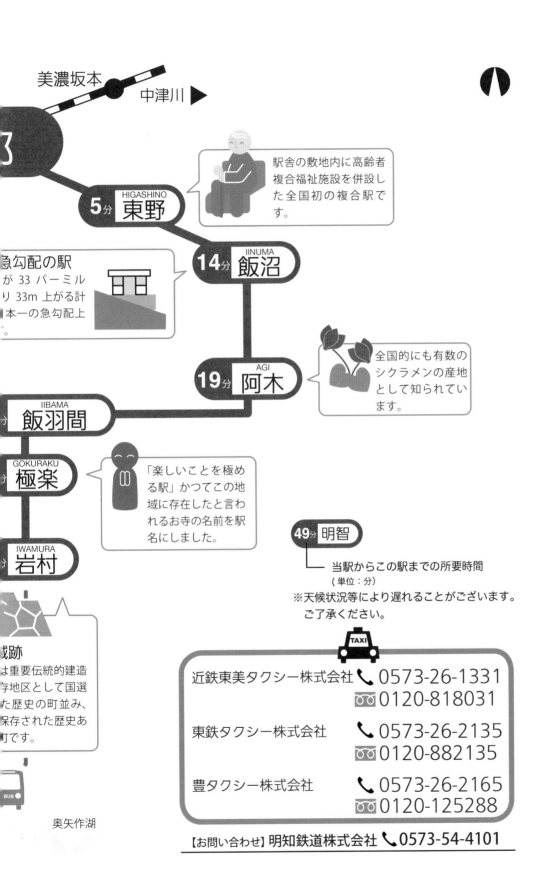

美濃坂本

中津川 ▶

駅舎の敷地内に高齢者複合福祉施設を併設した全国初の複合駅です。

5分 HIGASHINO 東野

急勾配の駅
が 33 パーミル
り 33m 上がる計
本一の急勾配上

14分 IINUMA 飯沼

全国的にも有数のシクラメンの産地として知られています。

19分 AGI 阿木

IIBAMA
飯羽間

GOKURAKU
極楽

「楽しいことを極める駅」かつてこの地域に存在したと言われるお寺の名前を駅名にしました。

IWAMURA
岩村

城跡
は重要伝統的建造
字地区として国選
た歴史の町並み、
保存された歴史あ
町です。

49分 明智

当駅からこの駅までの所要時間
(単位：分)

※天候状況等により遅れることがございます。
ご了承ください。

BUS

奥矢作湖

TAXI

近鉄東美タクシー株式会社 📞 0573-26-1331
☎ 0120-818031

東鉄タクシー株式会社 📞 0573-26-2135
☎ 0120-882135

豊タクシー株式会社 📞 0573-26-2165
☎ 0120-125288

【お問い合わせ】明知鉄道株式会社 📞 0573-54-4101

89 長良川鉄道
Nagaragawa Railway co., Ltd.

社　　名	長良川鉄道株式会社	営業キロ	72.1キロ
営業範囲	岐阜県	路 線 数	1路線
営業開始	1986(昭和61)年	駅　　数	38駅

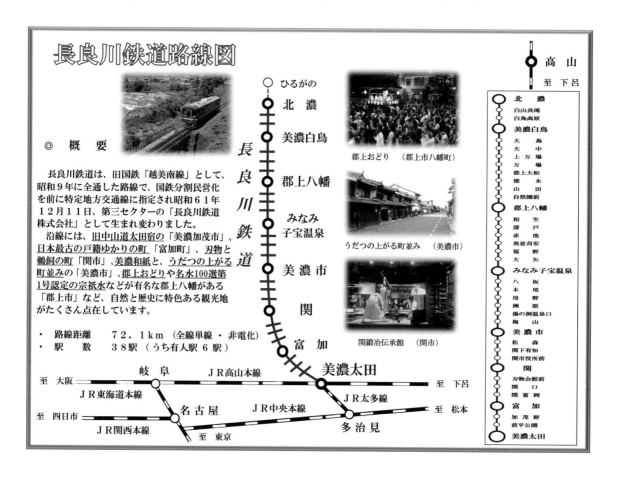

長良川鉄道路線図

◎　概　要

　長良川鉄道は、旧国鉄「越美南線」として、昭和9年に全通した路線で、国鉄分割民営化を前に特定地方交通線に指定され昭和61年12月11日、第三セクターの「長良川鉄道株式会社」として生まれ変わりました。
　沿線には、旧中山道太田宿の「美濃加茂市」、日本最古の戸籍ゆかりの町「富加町」、刃物と鵜飼の町「関市」、美濃和紙と、うだつの上がる町並みの「美濃市」、郡上おどりや名水100選第1号認定の宗祇水などが有名な郡上八幡がある「郡上市」など、自然と歴史に特色ある観光地がたくさん点在しています。

・　路線距離　　７２．１ｋｍ（全線単線・非電化）
・　駅　　数　　３８駅（うち有人駅６駅）

郡上おどり　（郡上市八幡町）

うだつの上がる町並み　（美濃市）

関鍛冶伝承館　（関市）

ひるがの
北濃
美濃白鳥
郡上八幡
みなみ子宝温泉
美濃市
関
富加
美濃太田

長良川鉄道

至　大阪
岐阜
ＪＲ高山本線
至　下呂
ＪＲ東海道本線
名古屋
ＪＲ中央本線
ＪＲ太多線
至　松本
至　四日市
ＪＲ関西本線
至　東京
多治見

高山
至　下呂

北濃
白山長滝
白鳥高原
美濃白鳥
大　　島
大　中
上万場
万場
郡上大和
徳永
山田
自然園前
郡上八幡
相生
深戸
赤池
美並苅安
福野
大矢
みなみ子宝温泉
八坂
木尾
母野
洲原
湯の洞温泉口
梅山
美濃市
松森
関下有知
関市役所前
関
刃物会館前
関口
関富岡
富加
加茂野
前平公園
美濃太田

---

90 樽見鉄道
TARUMI-RAILWAY. CO., LTD.

社　　名	樽見鉄道株式会社	営業キロ	34.5キロ
営業範囲	岐阜県	路 線 数	1路線
営業開始	1984(昭和59)年	駅　　数	19駅

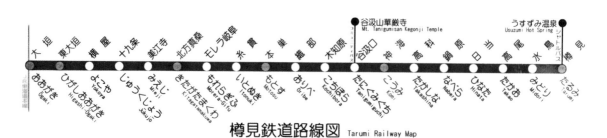

谷汲山華厳寺　Mt. Tanigumisan Kegonji Temple
うすずみ温泉　Usuzumi Hot Spring
シャトルバス

大垣　おおがき　Ogaki
東大垣　ひがしおおがき　Higashi-Ogaki
横屋　よこや　Yokoya
十九条　じゅうくじょう　Jūkujō
美江寺　みえじ　Mieji
北方真桑　きたがたまくわ　Kitagatamakuwa
モレラ岐阜　もれらぎふ　Morera-Gifu
糸貫　いとぬき　Itonuki
本巣　もとす　Motosu
織部　おりべ　Oribe
木知原　こちぼら　Kochibora
谷汲口　たにぐみぐち　Tanigumiguchi
神海　こうみ　Kōmi
高科　たかしな　Takashina
鍋原　なべら　Nabera
日当　ひなた　Hinata
高尾　たかお　Takao
水鳥　みどり　Midori
樽見　たるみ　Tarumi

樽見鉄道路線図　Tarumi Railway Map

91 養老鉄道
YORO RAILWAY CO., LTD.

社　　名	養老鉄道株式会社	営業キロ	57.5キロ
営業範囲	岐阜県・三重県	路線数	1路線
営業開始	2007(平成19)年	駅　数	27駅

養老鉄道ご案内 YŌRŌ RAILWAY INFORMATION

揖斐川町：観光やな

池田町：
パラグライダー
ハンググライダー

養老町：養老の滝

海津市：月見の森・水晶の湯

桑名市：多度大社

駅	駅名	のりかえ
IBI	揖斐	揖斐川町コミュニティバス
MINO-HONGŌ	美濃本郷	
KITA-IKENO	北池野	
IKENO	池野	
KITA-GŌDO	北神戸	
HIRO-GŌDO	広神戸	
HIGASHI-AKASAKA	東赤坂	
KITA-ŌGAKI	北大垣	
MURO	室	
ŌGAKI	大垣	名阪近鉄バス / JR線 / 樽見鉄道線
NISHI-ŌGAKI	西大垣	
MINO-YANAGI	美濃青柳	
TOMOE	友江	
ŌTOBA	大外羽	
KARASUE	烏江	
MINO-TAKADA	美濃高田	
YŌRŌ	養老	
MINO-TSUYA	美濃津屋	
KOMANO	駒野	海津市営バス
MINO-YAMAZAKI	美濃山崎	
ISHIZU	石津	海津市営バス
MINO-MATSUYAMA	美濃松山	
TADO	多度	桑名市コミュニティバス / K-バス
SHIMONOSHIRO	下野代	
SHIMOFUKAYA	下深谷	
HARIMA	播磨	
KUWANA	桑名	近鉄名古屋線 / 三岐北勢線 / JR線

神戸町：バラ

大垣市：大垣城

桑名市：六華苑

伊勢鉄道
Ise Railway Company

社　　名	伊勢鉄道株式会社	営業キロ	22.3キロ
営業範囲	三重県	路線数	1路線
営業開始	1987(昭和62)年	駅　数	10駅

伊 勢 鉄 道 路 線 図

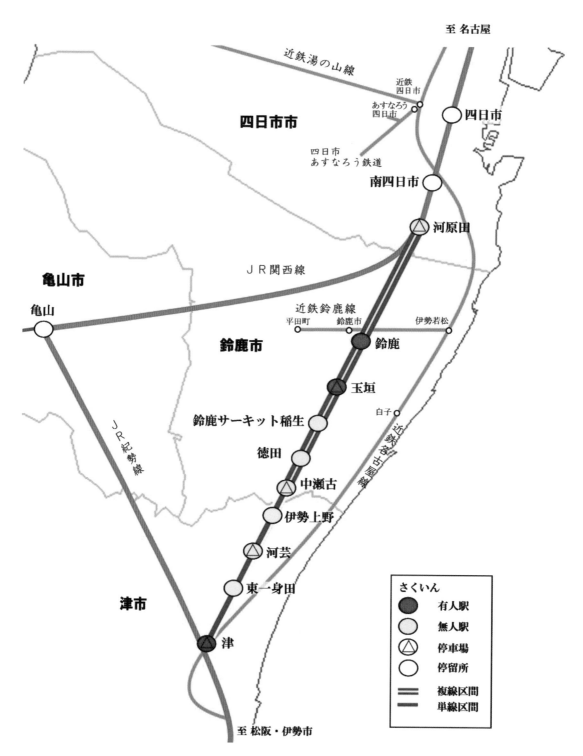

至 名古屋

近鉄湯の山線

四日市市

近鉄
四日市

あすなろう
四日市

四日市

四日市
あすなろう鉄道

南四日市

河原田

ＪＲ関西線

亀山市

亀山

近鉄鈴鹿線

平田町　鈴鹿市　　伊勢若松

鈴鹿市

鈴鹿

玉垣

鈴鹿サーキット稲生

白子

徳田

近鉄名古屋線

中瀬古

ＪＲ紀勢線

伊勢上野

河芸

東一身田

津市

津

至 松阪・伊勢市

さくいん

⬤	有人駅
◯	無人駅
▲	停車場
◯	停留所
＝	複線区間
―	単線区間

社　　名	伊賀鉄道株式会社	営業キロ	16.6キロ
営業範囲	三重県	路線数	1路線
営業開始	1916（大正5）年	駅　　数	15駅

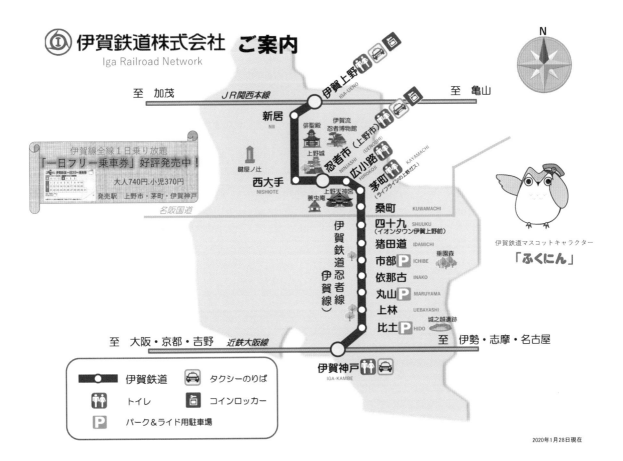

伊賀鉄道株式会社 **ご案内**
Iga Railroad Network

N

至　加茂　　JR関西本線

伊賀線全線1日乗り放題
「一日フリー乗車券」好評発売中！
大人740円.小児370円
・発売駅　上野市・茅町・伊賀神戸

名阪国道

至　大阪・京都・吉野　　近鉄大阪線

伊賀上野
IGA-UENO

至　亀山

新居
NII

伊聖殿
伊賀流
忍者博物館
上野城

忍者市（上野市）
NINJASHI
（UEMOSHI）

広小路
HIROKOJI

茅町（ライフラインの上野ガス）
KAYAMACHI

鍵屋ノ辻

西大手
NISHIOTE

上野天神宮
養虫庵

桑町
KUWAMACHI

四十九
SHIJUKU
（イオンタウン伊賀上野前）

猪田道
IDAMICHI

市部 P ICHIBE
垂園森

依那古
INAKO

丸山 P MARUYAMA

上林
UEBAYASHI

比土 P HIDO
城之越遺跡

伊賀鉄道忍者線（伊賀線）

至　伊勢・志摩・名古屋

伊賀神戸
IGA-KAMBE

伊賀鉄道マスコットキャラクター
「ふくにん」

	伊賀鉄道		タクシーのりば
	トイレ		コインロッカー
	パーク＆ライド用駐車場		

2020年1月28日現在

三岐鉄道
SANGI RAILWAY CO., LTD.

社　　名	三岐鉄道株式会社	営業キロ	48.0キロ
営業範囲	三重県	路線数	3路線
営業開始	1931(昭和6)年	駅　　数	29駅

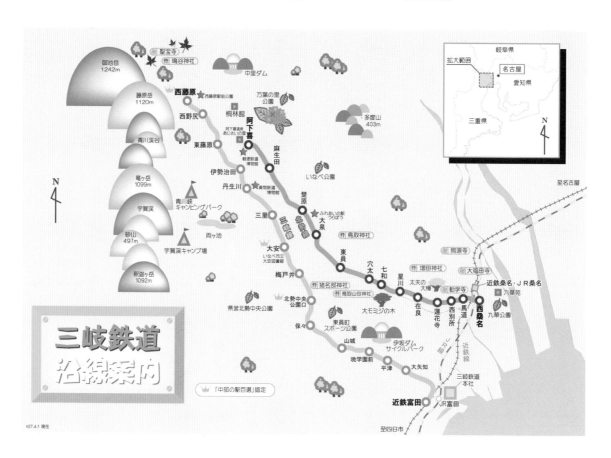

四日市あすなろう鉄道
Yokkaichi Asunarou Railway Co., Ltd.

社　　名	四日市あすなろう鉄道株式会社	営業キロ	7.0キロ
営業範囲	三重県	路線数	2路線
営業開始	2015(平成27)年	駅　　数	9駅

近畿地方

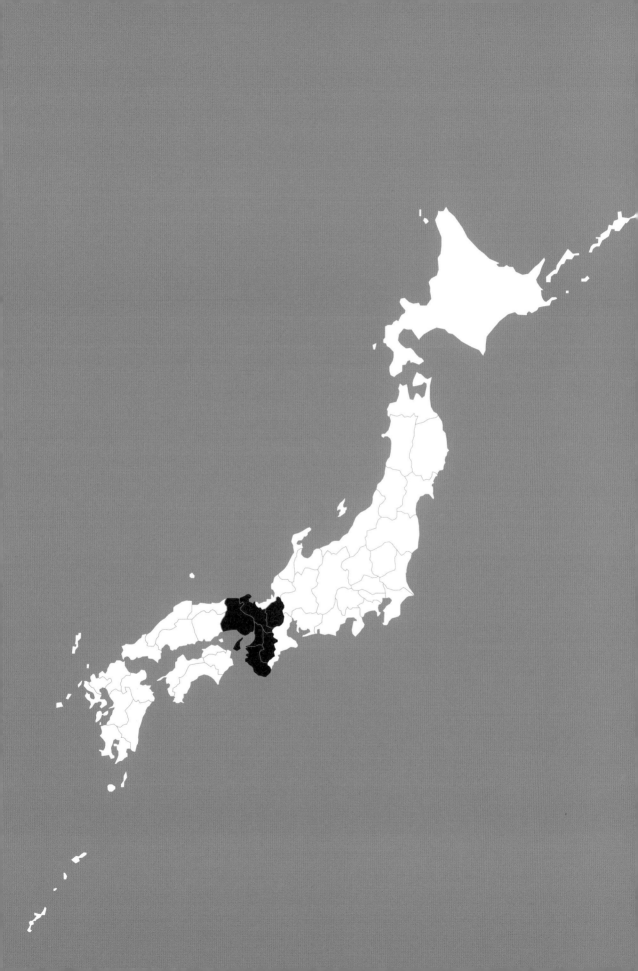

96 信楽高原鐵道
Shigaraki Kohgen Railway

社　　名	信楽高原鐵道株式会社	営業キロ	14.7キロ
営業範囲	滋賀県	路線数	1路線
営業開始	1987(昭和62)年	駅　数	6駅

97 近江鉄道
OHMI Railway Co.,Ltd.

社　　名	近江鉄道株式会社	営業キロ	59.5キロ
営業範囲	滋賀県	路線数	3路線
営業開始	1898(明治31)年	駅　数	33駅

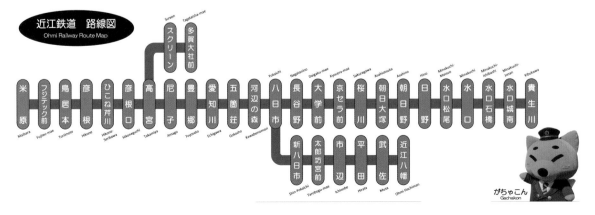

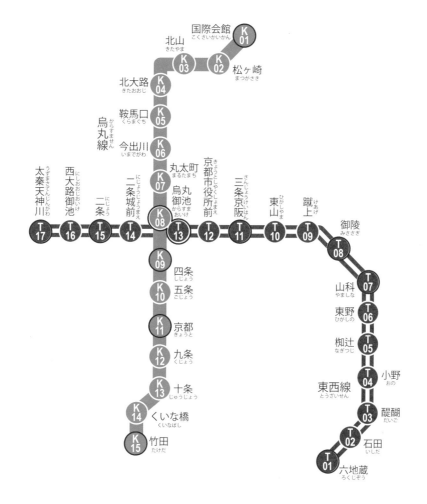

98 京都市営地下鉄
Kyoto Municipal Transportation Bureau

社　　名	京都市交通局	営業キロ	31.2キロ
営業範囲	京都府	路線数	2路線
営業開始	1981(昭和56)年	駅　数	31駅

国際会館 こくさいかいかん **K01**
北山 きたやま **K03**　　**K02** 松ヶ崎 まつがさき
北大路 きたおおじ **K04**
鞍馬口 くらまぐち **K05**
烏丸線 からすません
今出川 いまでがわ **K06**
丸太町 まるたまち **K07**

太秦天神川 うずまさてんじんがわ **T17**
西大路御池 にしおおじおいけ **T16**
二条 にじょう **T15**
二条城前 にじょうじょうまえ **T14**
烏丸御池 からすまおいけ **K08**
京都市役所前 きょうとしやくしょまえ **T13**
　T12
三条京阪 さんじょうけいはん **T11**
東山 ひがしやま **T10**
蹴上 けあげ **T09**
御陵 みささぎ **T08**

四条 しじょう **K09**
五条 ごじょう **K10**
京都 きょうと **K11**
九条 くじょう **K12**
十条 じゅうじょう **K13**
くいな橋 くいなばし **K14**
竹田 たけだ **K15**

山科 やましな **T07**
東野 ひがしの **T06**
椥辻 なぎつじ **T05**
小野 おの **T04**
東西線 とうざいせん
醍醐 だいご **T03**
石田 いしだ **T02**
六地蔵 ろくじぞう **T01**

99 叡山電鉄
Eizan Electric Railway Co., Ltd.

社　　名	叡山電鉄株式会社	営業キロ	14.4キロ
営業範囲	京都府	路線数	2路線
営業開始	1925(大正14)年	駅　数	17駅

比叡山・びわ湖 山と水と光の鉄路

比叡山 Mt.Hiei
大原 Ohara

叡山ケーブル(京福電鉄) 冬期運休
Eizan Cable Car (Keifuku Railway)
京都バス
Kyoto Bus

八瀬比叡山口 Yase-Heizanguchi
三宅八幡 Miyakehachiman

叡山本線 Eizan Line **E08**　**E07**

叡山電車 路線図
Eizan Railway Route Map

駅番号 **E00**
Station No.

鞍馬線 Kurama Line
もみじのトンネル

E06　**E05**　**E04**　**E03**　**E02**　**E01**
宝ヶ池 Takaragaike
修学院 Shigakuin
一乗寺 Ichijoji
茶山 Chayama
元田中 Mototanaka
出町柳 Demachiyanagi

京阪電車
Keihan Railway

E17　**E16**　**E15**　**E14**　**E13**　**E12**　**E11**　**E10**　**E09**
鞍馬 Kurama
貴船口 Kibuneguchi
二ノ瀬 Ninose
市原 Ichihara
二軒茶屋 Nikenchaya
京都精華大前 Kyoto-Seikadai-mae
木野 Kino
岩倉 Iwakura
八幡前 Hachiman-mae

京都丹後鉄道

WILLER TRAINS, Inc.

社　　名	WILLER TRAINS株式会社	営業キロ	114.0キロ
営業範囲	京都府・兵庫県	路線数	3路線
営業開始	2015(平成27)年	駅　　数	32駅

京都丹後鉄道路線図

経ヶ岬灯台

丹後松島

屏風岩

浦島神社

太鼓山

き砂文化館

伊根浦舟屋群

天橋立大江山国定公園

伊根漁港

丹後半島

峰山

黒崎

若狭湾

小町公園

T16 日本三景
岩 天橋立
滝
口 T15 14
天 宮津
橋
立 M13
栗田 金ヶ崎

7 与謝野

F13
宮村 M12 M11
丹後由良 丹後神崎

ん街道

金引の滝 F12
喜多 M10 東雲

広場

F11 辛皮

安寿姫塚

神社
海) M9 四所 田辺城跡

宮皇大神社 F10 大江山口内宮 M8 西舞鶴

和紙伝承館 F9 二俣

受大神社 F8 大江高校前

瓦公園

才ノ神の藤 JR舞鶴線

公庄 F7 大江

宮福線

F5 下天津

F4 牧 観音寺

F3 荒河かしの木台

福知山城 綾部

口

知山 JR山陰本線

宮舞線

宮福線

丹鉄
TANTETSU

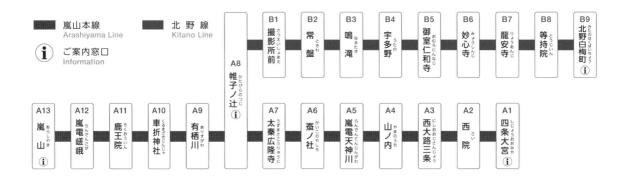

101 京福電気鉄道
Keifuku Electric Railroad Co., Ltd.

社　　名	京福電気鉄道株式会社	営業キロ	11.0キロ
営業範囲	京都府	路線数	2路線
営業開始	1910(明治43)年	駅　数	22駅

嵐山本線　Arashiyama Line
北野線　Kitano Line
ⓘ ご案内窓口　Information

A8 帷子ノ辻 ⓘ

B1 撮影所前　B2 常盤　B3 鳴滝　B4 宇多野　B5 御室仁和寺　B6 妙心寺　B7 龍安寺　B8 等持院　B9 北野白梅町 ⓘ

A13 嵐山 ⓘ　A12 嵐電嵯峨　A11 鹿王院　A10 車折神社　A9 有栖川

A7 太秦広隆寺　A6 蚕ノ社　A5 嵐電天神川　A4 山ノ内　A3 西大路三条　A2 西院　A1 四条大宮 ⓘ

102 嵯峨野観光鉄道
Sagano Scenic Railway Co., Ltd.

社　　名	嵯峨野観光鉄道株式会社	営業キロ	7.3キロ
営業範囲	京都府	路線数	1路線
営業開始	1991(平成3)年	駅　数	4駅

保津峡沿線の旅

水尾
嵯峨/嵐山
トロッコ保津峡駅
トロッコ嵯峨駅
亀岡
保津川
JR保津峡駅
JR嵯峨嵐山駅
保津川下り乗船場
竹林
JR亀岡駅
嵯峨野観光鉄道
保津峡
天龍寺
嵐電嵐山駅
JR馬堀駅
トロッコ亀岡駅
トロッコ嵐山駅
渡月橋
馬堀/トロッコ亀岡
保津川下り着船場
阪急嵐山駅

103 大阪モノレール
OSAKA MONORAIL CO., LTD.

社　　名	大阪高速鉄道株式会社	営業キロ	28.0キロ
営業範囲	大阪府	路線数	2路線
営業開始	1990（平成2）年	駅　数	18駅

大阪モノレール 路線図
Osaka Monorail Guide

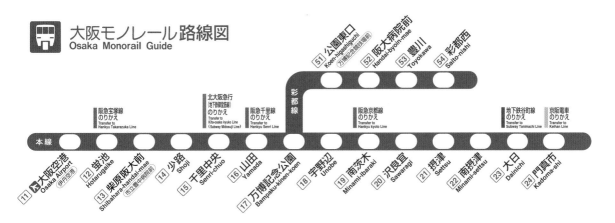

51 公園東口 Koen-higashiguchi（万博記念競技場前）	52 阪大病院前 Handai-byoin-mae	53 豊川 Toyokawa	54 彩都西 Saito-nishi

彩都線

本線

北大阪急行（地下鉄御堂筋線）のりかえ Transfer to Kita-osaka kyuko Line（Subway Midosuji Line）

阪急宝塚線 のりかえ Transfer to Hankyu Takarazuka Line

阪急千里線 のりかえ Transfer to Hankyu Senri Line

阪急京都線 のりかえ Transfer to Hankyu kyoto Line

地下鉄谷町線 のりかえ Transfer to Subway Tanimachi Line

京阪電車 のりかえ Transfer to Keihan Line

11 大阪空港 Osaka Airport（伊丹空港）
12 蛍池 Hotarugaike
13 柴原阪大前 Shibahara-handai-mae（市立豊中病院前）
14 少路 Shoji
15 千里中央 Senri-chuo
16 山田 Yamada
17 万博記念公園 Bampaku-kinen-koen
18 宇野辺 Unobe
19 南茨木 Minami-ibaraki
20 沢良宜 Sawaragi
21 摂津 Setsu
22 南摂津 Minami-setsu
23 大日 Dainichi
24 門真市 Kadoma-shi

104 能勢電鉄
Nose Electric Railway Co., Ltd.

社　　名	能勢電鉄株式会社	営業キロ	14.8キロ
営業範囲	兵庫県・大阪府	路線数	2路線
営業開始	1913（大正2）年	駅　数	15駅

能勢電鉄 路線図　Nosé Electric Railway Route Map

26分 NS14 妙見口 Myokenguchi
24分 NS13 ときわ台 Tokiwadai
22分 NS12 光風台 Kofudai
18分 NS11 笹部 Sasabe
21分 NS21 日生中央 Nissei-chuo

17分 NS10 山下 Yamashita
15分 NS09 畦野 Uneno
13分 NS08 一の鳥居 Ichinotorii
11分 NS07 平野 Hirano
9分 NS06 多田 Tada
7分 NS05 鼓滝 Tsuzumigataki
6分 NS04 鶯の森 Uguisunomori
4分 NS03 滝山 Takiyama
2分 NS02 絹延橋 Kinunobebashi
当駅 NS01 川西能勢口 Kawanishi-noseguchi

※当駅からの最短所要時分です。

135

105 京阪電車
Keihan Electric Railway Co., Ltd.

社　　名	京阪電気鉄道株式会社	営業キロ	91.1キロ
営業範囲	大阪府・京都府・滋賀県	路線数	8路線
営業開始	1910(明治43)年	駅　数	89駅

電車の種別と停車駅のご案内

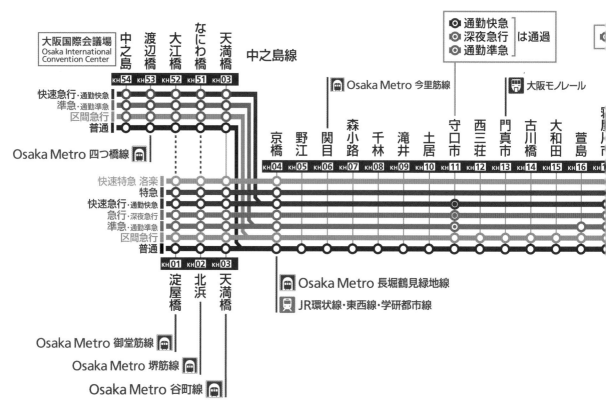

◎ 通勤快急
◎ 深夜急行　は通過
◎ 通勤準急

大阪国際会議場
Osaka International
Convention Center

中之島線

Osaka Metro 今里筋線

大阪モノレール

Osaka Metro 四つ橋線

Osaka Metro 長堀鶴見緑地線
JR環状線・東西線・学研都市線

Osaka Metro 御堂筋線
Osaka Metro 堺筋線
Osaka Metro 谷町線

ライナー停車駅 Liner Information

特急停車駅と同じです。

石清水八幡宮参道ケーブルは、2019(令和元)年10月に男山ケーブルから名称変更。同時に駅名も、八幡市駅がケーブル八幡宮口駅へ、男山山上駅がケーブル八幡宮山上駅へと改称された。営業キロは0.4キロで、1926(大正15)年に営業が開始された。

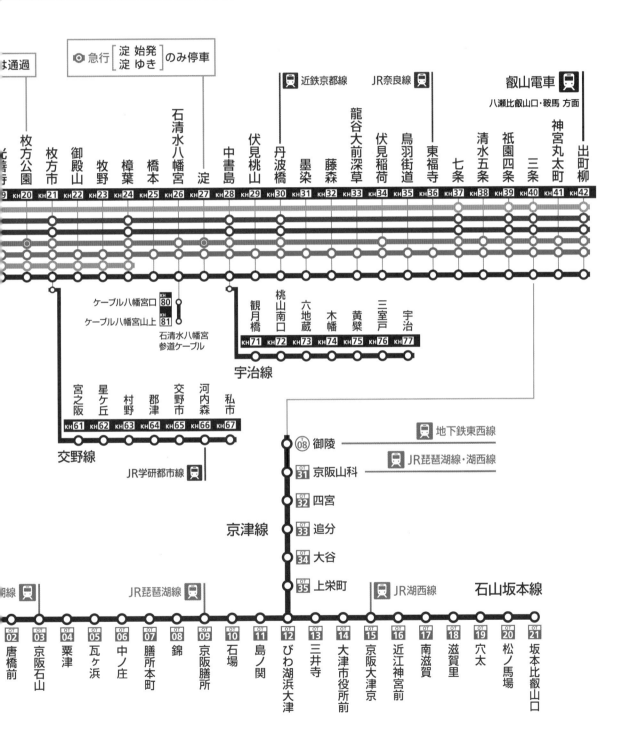

…は通過

◎急行 [淀 始発 / 淀 ゆき] のみ停車

近鉄京都線　JR奈良線

叡山電車
八瀬比叡山口・鞍馬 方面

枚方公園 KH20　枚方市 KH21　御殿山 KH22　牧野 KH23　樟葉 KH24　橋本 KH25　石清水八幡宮 KH26　淀 KH27　中書島 KH28　伏見桃山 KH29　丹波橋 KH30　墨染 KH31　藤森 KH32　龍谷大前深草 KH33　伏見稲荷 KH34　鳥羽街道 KH35　東福寺 KH36　七条 KH37　清水五条 KH38　祇園四条 KH39　三条 KH40　神宮丸太町 KH41　出町柳 KH42

ケーブル八幡宮口 KH80
ケーブル八幡宮山上 KH81
石清水八幡宮参道ケーブル

観月橋 KH71　桃山南口 KH72　六地蔵 KH73　木幡 KH74　黄檗 KH75　三室戸 KH76　宇治 KH77
宇治線

宮之阪 KH61　星ケ丘 KH62　村野 KH63　郡津 KH64　交野市 KH65　河内森 KH66　私市 KH67
交野線
JR学研都市線

御陵 08　地下鉄東西線
京阪山科 OT31　JR琵琶湖線・湖西線
四宮 OT32
追分 OT33
大谷 OT34
上栄町 OT35
京津線

JR琵琶湖線　JR湖西線　石山坂本線

唐橋前 OT02　京阪石山 OT03　粟津 OT04　瓦ヶ浜 OT05　中ノ庄 OT06　膳所本町 OT07　錦 OT08　京阪膳所 OT09　石場 OT10　島ノ関 OT11　びわ湖浜大津 OT12　三井寺 OT13　大津市役所前 OT14　京阪大津京 OT15　近江神宮前 OT16　南滋賀 OT17　滋賀里 OT18　穴太 OT19　松ノ馬場 OT20　坂本比叡山口 OT21

106 近鉄
Kintetsu Railway Co., Ltd.

社　　　名	近畿日本鉄道株式会社	営業キロ	501.1キロ
営業範囲	大阪府・京都府・奈良県・三重県・愛知県	路線数	23路線
営業開始	1944(昭和19)年	駅数	286駅

近鉄線ご案内
Kintetsu Railway Network

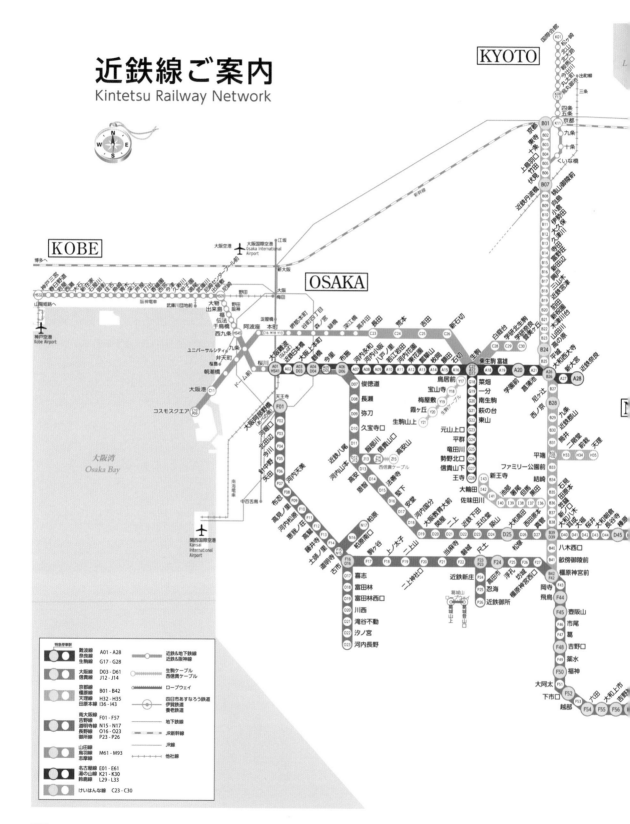

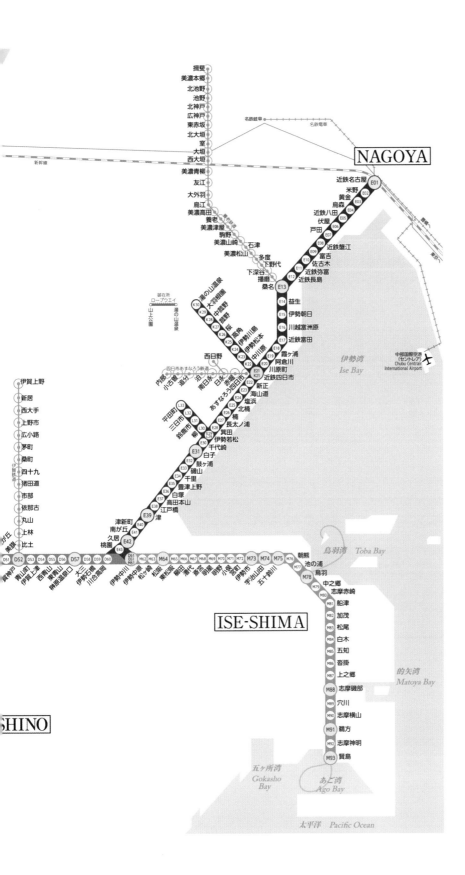

NAGOYA

ISE-SHIMA

揖斐
美濃本郷
北池野
池野
北神戸
広神戸
東赤坂
北大垣
室
大垣
西大垣
美濃青柳
友江
大外羽
烏江
美濃高田
養老
美濃津屋
駒野
美濃山崎
美濃松山
下野代
下深谷
播磨
桑名 E13

名鉄岐阜
名鉄電車
新幹線

湯の山温泉
大羽根園 K30
伊勢野 K29
菰野 K28
中菰野
桜 K27
高角 K26
伊勢川島 K25
伊勢松本 K24
中川原 K23
西日野
四日市あすなろう鉄道
内部 小古曽 追分 南日永 赤堀 日永

近鉄名古屋 E01
米野 E02
黄金 E03
烏森 E04
近鉄八田 E05
伏屋 E06
戸田 E07
近鉄蟹江 E08
富吉 E09
佐古木 E10
近鉄弥富 E11
近鉄長島 E12

益生 E14
伊勢朝日 E15
川越富洲原 E16
近鉄富田 E17
霞ヶ浦 E18
阿倉川 E19
川原町 E20
近鉄四日市 E21
新正 E22
海山道 E23
塩浜 E24
北楠 E25
楠 E26
長太ノ浦 E27
箕田 E28
伊勢若松 E29
千代崎 E30
白子 E31
鼓ヶ浦 E32
磯山 E33
千里 E34
豊津上野 E35
白塚 E36
高田本山 E37
江戸橋 E38
津 E39
津新町 E40
南が丘 E41
久居 E42
桃園 E43

伊勢湾
Ise Bay

中部国際空港
(セントレア)
Chubu Central
International Airport

伊賀上野
新居
西大手
上野市
広小路
茅町
桑町
四十九
猪田道
市部
依那古
丸山
上林
比土

平田町 L33
三日市 L32
鈴鹿市 L31
柳 L30
伊勢鉄道

伊賀鉄道

D51 D52 D53 D55 D56 D57 D58 D59 D60 D61/E61/M61 M62 M63 M64 M65 M66 M67 M68 M69 M70 M71 M72 M73 M74 M75 M76

伊勢中川 伊勢中原 松ヶ崎 松阪 東松阪 櫛田 漕代 斎宮 明星 明野 小俣 宮町 伊勢市 宇治山田 五十鈴川

朝熊
池の浦
鳥羽 M78
中之郷 M79
志摩赤崎 M80
船津 M81
加茂 M82
松尾 M83
白木 M84
五知 M85
沓掛 M86
上之郷 M87
志摩磯部 M88
穴川 M89
志摩横山 M90
鵜方 M91
志摩神明 M92
賢島 M93

鳥羽湾
Toba Bay

的矢湾
Matoya Bay

五ヶ所湾
Gokasho Bay

あご湾
Ago Bay

太平洋
Pacific Ocean

■阪神本線・阪神なんば線（阪神電鉄）・難波線・奈良線

(注1) 赤文字は、近鉄特急停車駅
(注2) ロは、一部の列車のみとまります。

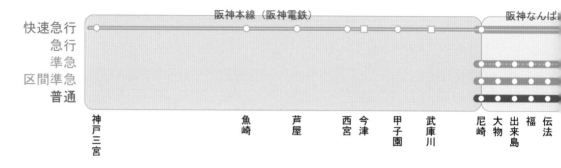

■京都線・橿原線

(注1) 赤文字は、近鉄特急停車駅（近鉄特急は行先・時刻によって停車駅が異なります。）
(注2) ロは、一部の列車のみとまります。

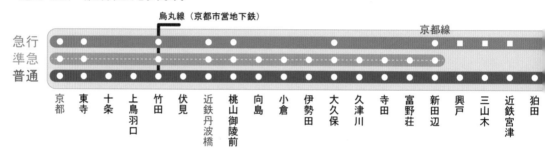

■中央線（大阪地下鉄）・けいはんな線

■天理線

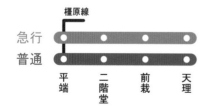

■生駒線

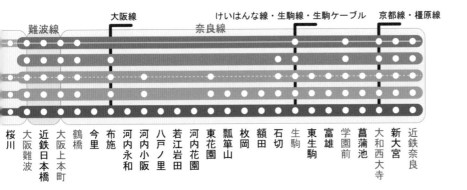

難波線　大阪線　奈良線　けいはんな線・生駒線・生駒ケーブル　京都線・橿原線

桜川　大阪難波　近鉄日本橋　大阪上本町　鶴橋　今里　布施　河内永和　河内小阪　八戸ノ里　若江岩田　河内花園　東花園　瓢箪山　枚岡　額田　石切　生駒　東生駒　富雄　学園前　菖蒲池　大和西大寺　新大宮　近鉄奈良

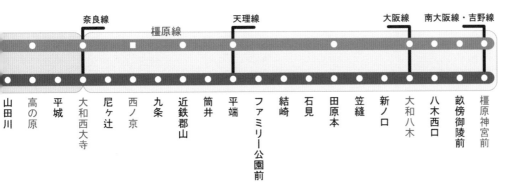

奈良線　橿原線　天理線　大阪線　南大阪線・吉野線

山田川　高の原　平城　大和西大寺　尼ヶ辻　西ノ京　九条　近鉄郡山　筒井　平端　ファミリー公園前　結崎　石見　田原本　笠縫　新ノ口　大和八木　八木西口　畝傍御陵前　橿原神宮前

■烏丸線 （京都市営地下鉄）

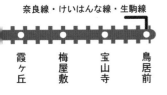

奈良線・けいはんな線・生駒線

霞ヶ丘　梅屋敷　宝山寺　鳥居前

近鉄 京都線

急行
普通

国際会館　松ヶ崎　北山　北大路　鞍馬口　今出川　丸太町　烏丸御池　四条　五条　京都　九条　十条　くいな橋　竹田

■田原本線

勢野北口　信貴山下　王寺

普通

新王寺　大輪田　佐味田川　池部　箸尾　但馬　黒田　西田原本

141

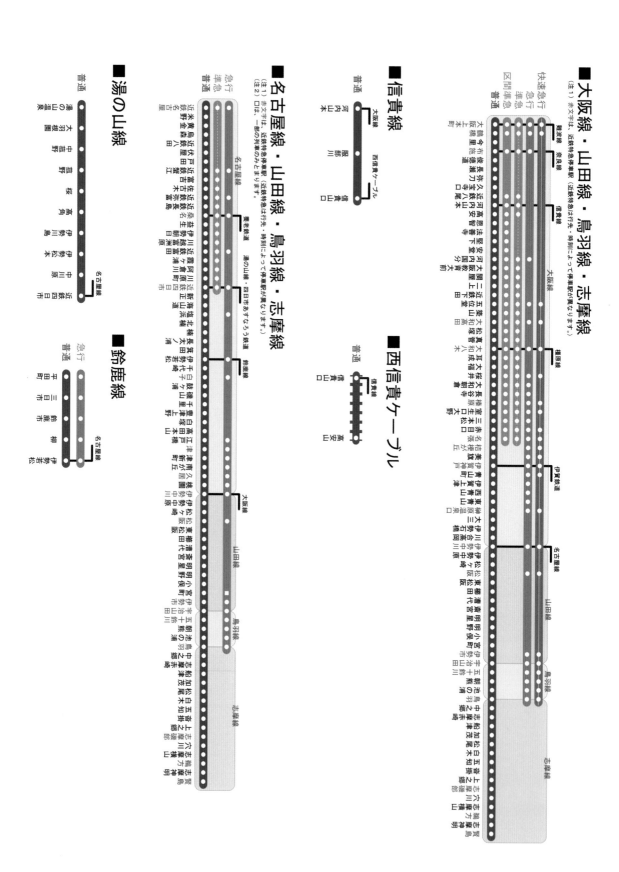

■大阪線・山田線・鳥羽線・志摩線

(注1) 赤文字は、近鉄特急停車駅（近鉄特急は行先・時刻によって停車駅が異なります。

■信貴線

■西信貴ケーブル

■名古屋線・山田線・鳥羽線・志摩線

(注1) 赤文字は、近鉄特急停車駅（近鉄特急は行先・時刻によって停車駅が異なります。
(注2) 口は、一部の列車のみ止まります。

■湯の山線

■鈴鹿線

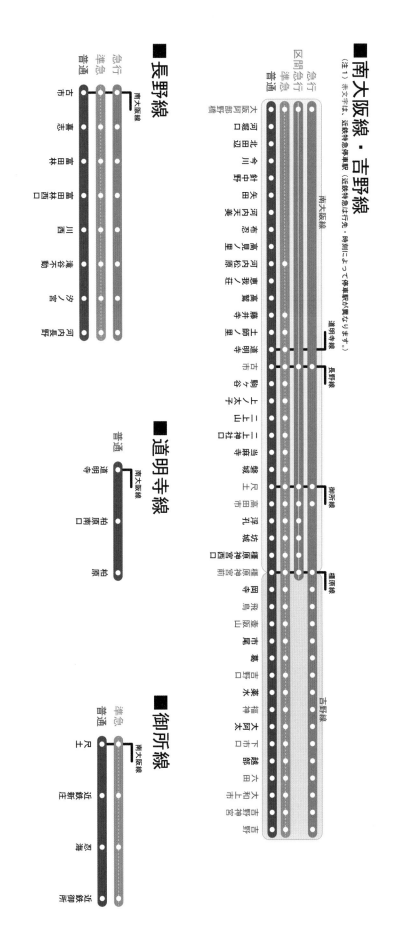

■南大阪線・吉野線

(注1) 赤文字は、近鉄特急停車駅（近鉄特急は行先・時刻によって停車駅が異なります。）

■長野線

■道明寺線

■御所線

社　　名	北大阪急行電鉄株式会社	営業キロ	5.9キロ
営業範囲	大阪府	路線数	1路線
営業開始	1970（昭和45）年	駅　数	4駅

北大阪急行

地下鉄

路線図

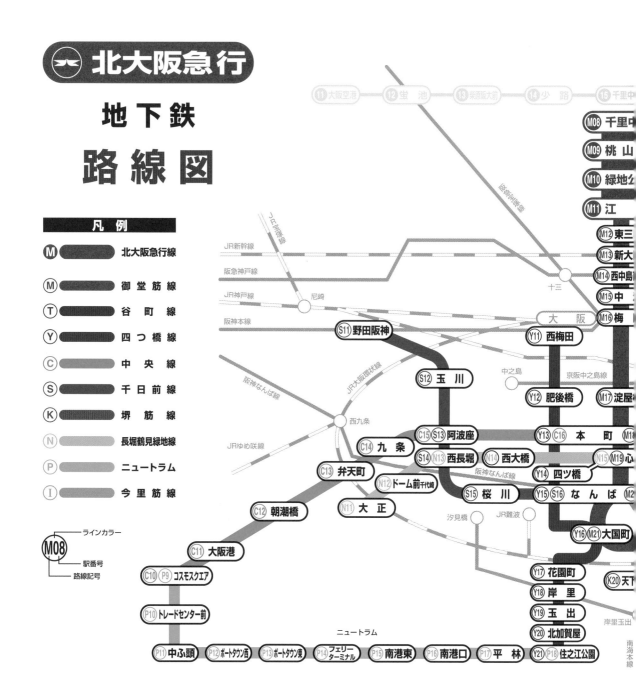

凡　例

- Ⓜ 北大阪急行線
- Ⓜ 御堂筋線
- Ⓣ 谷町線
- Ⓨ 四つ橋線
- Ⓒ 中央線
- Ⓢ 千日前線
- Ⓚ 堺筋線
- Ⓝ 長堀鶴見緑地線
- Ⓟ ニュートラム
- Ⓘ 今里筋線

M08 — ラインカラー／駅番号／路線記号

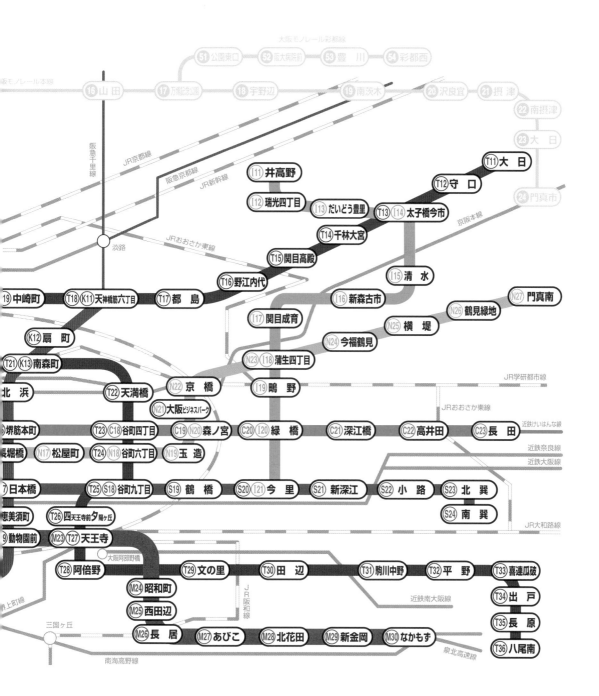

Osaka Metro

108

Osaka Metro Co., Ltd.

社　　名	大阪市高速電気軌道株式会社	営業キロ	137.8キロ
営業範囲	大阪府	路線数	9路線
営業開始	2018（平成30）年	駅　数	133駅

全線路線図

Route Map　전선 노선도　地铁路线图

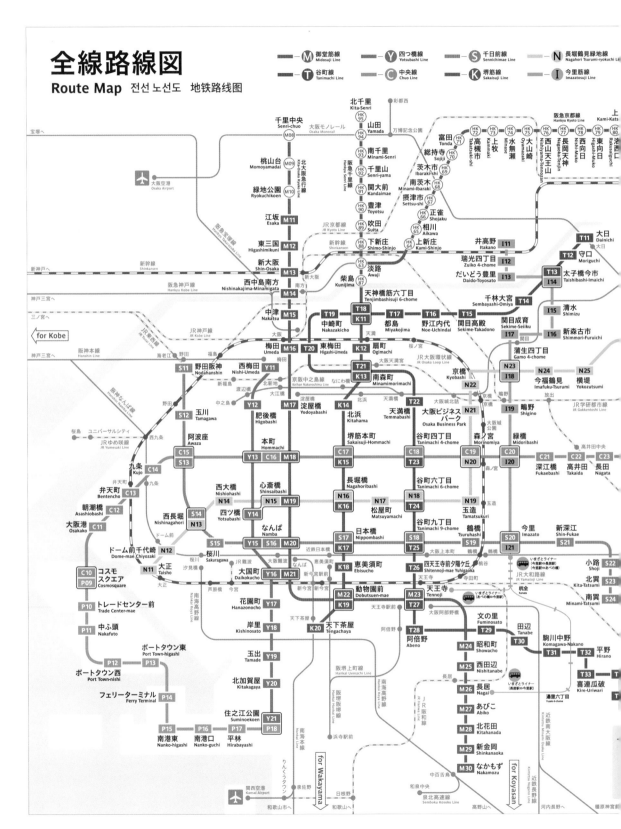

御堂筋線 Midosuji Line
四つ橋線 Yotsubashi Line
千日前線 Sennichimae Line
長堀鶴見緑地線 Nagahori Tsurumi-ryokuchi Line
谷町線 Tanimachi Line
中央線 Chuo Line
堺筋線 Sakaisuji Line
今里筋線 Imazatosuji Line

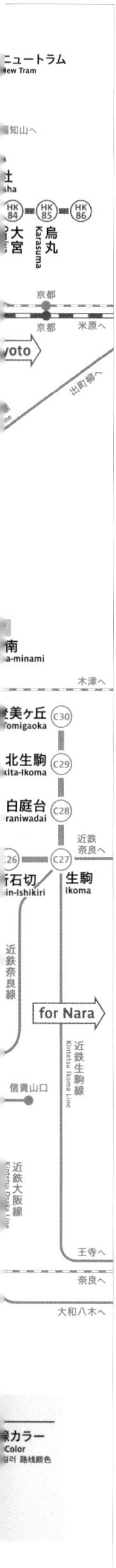

ニュートラム
New Tram

福知山へ

社
sha

(HK 84) (HK 85) (HK 86)
大宮 烏丸
Karasuma

京都
京都
米原へ

yoto

出町柳へ

南
a-minami

木津へ

嵯美ヶ丘 (C30)
omigaoka

北生駒 (C29)
kita-ikoma

白庭台 (C28)
raniwadai

近鉄
奈良へ

26) (C27) 生駒
石切 ikoma
in-Ishikiri

近鉄
奈良線

for Nara

近鉄生駒線
Kintetsu Ikoma Line

信貴山口

近鉄大阪線
Kintetsu Osaka Line

王寺へ

奈良へ

大和八木へ

線カラー
Color
路線顔色

2018（平成30）年にOsaka Metroへと生まれ変わっ
たが、市営地下鉄としての営業開始は1933（昭和8）年。

阪急線
路線案内
Hankyu Line Route Information

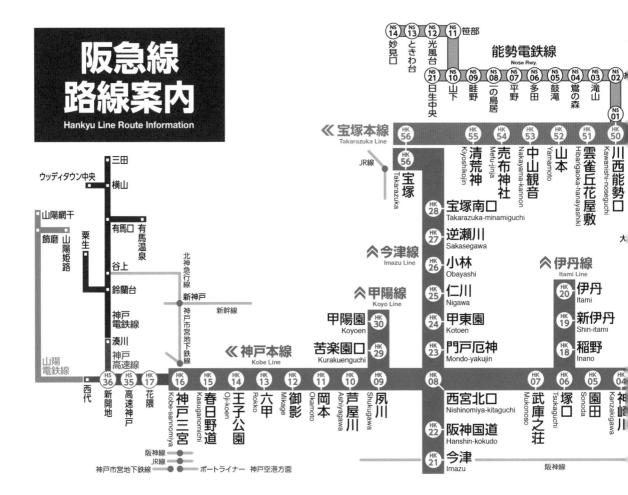

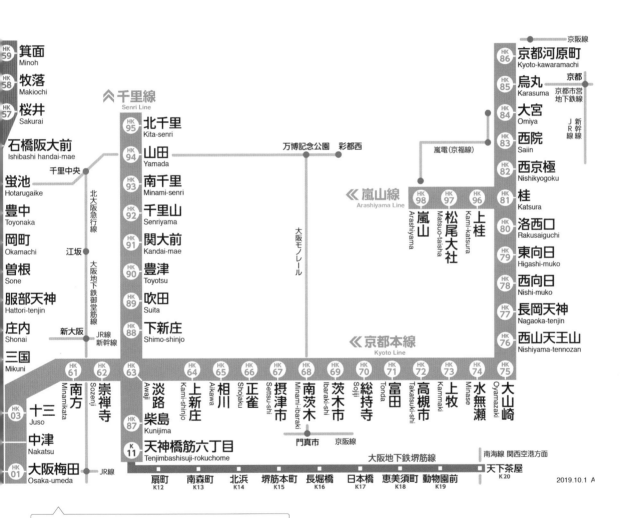

HK 59	箕面 Minoh
HK 58	牧落 Makiochi
HK 57	桜井 Sakurai

石橋阪大前
Ishibashi handai-mae

蛍池
Hotarugaike

豊中
Toyonaka

岡町
Okamachi

曽根
Sone

服部天神
Hattori-tenjin

庄内
Shonai

三国
Mikuni

| HK 03 | 十三
Juso |

中津
Nakatsu

| HK 01 | 大阪梅田
Osaka-umeda |

⚑**千里線**
Senri Line

HK 95	北千里 Kita-senri
HK 94	山田 Yamada
HK 93	南千里 Minami-senri
HK 92	千里山 Senriyama
HK 91	関大前 Kandai-mae
HK 90	豊津 Toyotsu
HK 89	吹田 Suita
HK 88	下新庄 Shimo-shinjo

千里中央

北大阪急行線

江坂

大阪地下鉄御堂筋線

新大阪

JR線
新幹線

HK 61	南方 Minamikata
HK 62	崇禅寺 Sozenji
HK 63	淡路 Awaji
HK 87	柴島 Kunijima
K 11	天神橋筋六丁目 Tenjimbashisuji-rokuchome

万博記念公園　彩都西

大阪モノレール

≪**嵐山線**
Arashiyama Line

HK 98	嵐山 Arashiyama
HK 97	松尾大社 Matsuo-taisha
HK 96	上桂 Kami-katsura

嵐電(京福線)

≪**京都本線**
Kyoto Line

HK 64	上新庄 Kami-shinjo
HK 65	相川 Aikawa
HK 66	正雀 Shojaku
HK 67	摂津市 Settsu-shi
HK 68	南茨木 Minami-ibaraki
HK 69	茨木市 Ibaraki-shi
HK 70	総持寺 Soji
HK 71	富田 Tonda
HK 72	高槻市 Takatsuki-shi
HK 73	上牧 Kammaki
HK 74	水無瀬 Minase
HK 75	大山崎 Oyamazaki

門真市　京阪線

HK 86	京都河原町 Kyoto-kawaramachi
HK 85	烏丸 Karasuma
HK 84	大宮 Omiya
HK 83	西院 Saiin
HK 82	西京極 Nishikyogoku
HK 81	桂 Katsura
HK 80	洛西口 Rakusaiguchi
HK 79	東向日 Higashi-muko
HK 78	西向日 Nishi-muko
HK 77	長岡天神 Nagaoka-tenjin
HK 76	西山天王山 Nishiyama-tennozan

京阪線

京都
京都市営
地下鉄線

JR
新
線幹
線

大阪地下鉄堺筋線

南海線　関西空港方面

天下茶屋
K 20

| 扇町
K12 | 南森町
K13 | 北浜
K14 | 堺筋本町
K15 | 長堀橋
K16 | 日本橋
K17 | 恵美須町
K18 | 動物園前
K19 |

2019.10.1 A

2019(令和元)年10月に、梅田駅が大阪梅田駅へ、
京都線の河原町駅が京都河原町駅へと改称された。

神戸線 停車駅のご案内 Train Stop Information Hankyu Kobe Line

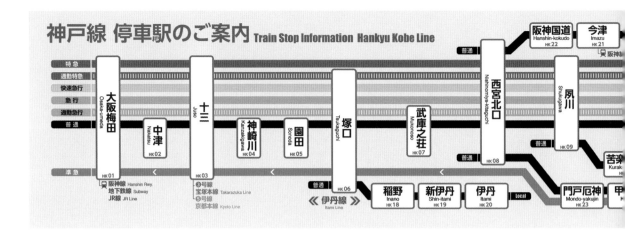

宝塚線 停車駅のご案内
Train Stop Information Hankyu Takarazuka Line & Nose Rwy.

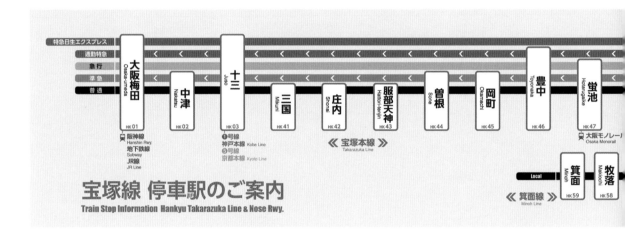

京都線 停車駅のご案内
Train Stop Information Hankyu Kyoto Line

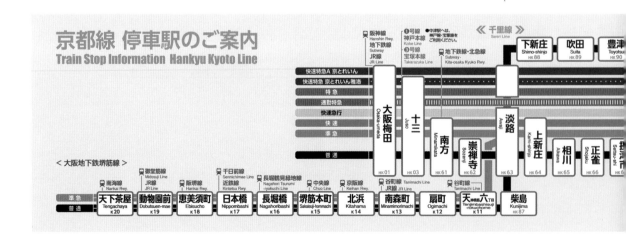

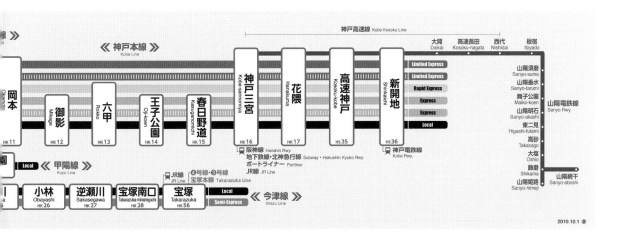

≪ 神戸本線 ≫ Kobe Line

神戸高速線 Kobe Kosoku Line

| 大開 Daikai | 高速長田 Kosoku-nagata | 西代 Nishidai | 板宿 Itayado |

岡本 Okamoto

御影 Mikage HK 11

六甲 Rokko HK 12

王子公園 Oji-koen HK 13

春日野道 Kasuganomichi HK 14

神戸三宮 Kobe-sannomiya HK 15

花隈 Hanakuma HK 16

高速神戸 Kosoku-kobe HK 17

新開地 Shinkaichi HS 35

HS 36

Limited Express
Limited Express
Rapid Express
Express
Express
Local

阪神線 Hanshin Rwy.
地下鉄線・北神急行線 Subway・Hokushin Kyuko Rwy.
ポートライナー Portliner

JR線 JR Line

山陽須磨 Sanyo-suma
山陽垂水 Sanyo-tarumi
舞子公園 Maiko-koen
山陽明石 Sanyo-akashi
東二見 Higashi-futami
高砂 Takasago
大塩 Oshio
飾磨 Shikama
山陽姫路 Sanyo-himeji

山陽電鉄線 Sanyo Rwy.

山陽網干 Sanyo-aboshi

≪ 甲陽線 ≫ Koyo Line

Local

JR線 JR Line
❹号線・❸号線 宝塚本線 Takarazuka Line

小林 Obayashi HK 26

逆瀬川 Sakasegawa HK 27

宝塚南口 Takarazuka-minamiguchi HK 28

宝塚 Takarazuka HK 56

Local
Semi-Express

≪ 今津線 ≫ Imazu Line

2010.10.1 Ⓑ

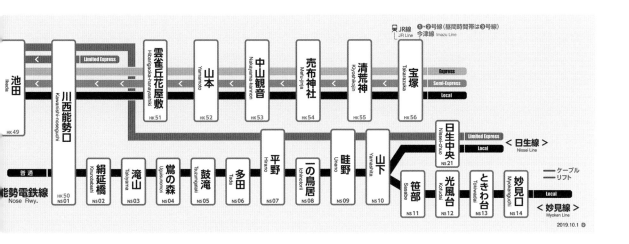

JR線 JR Line ❶・❷号線（昼間時間帯は❸号線）
今津線 Imazu Line

池田 Ikeda HK 49

川西能勢口 Kawanishi-noseguchi

Limited Express

雲雀丘花屋敷 Hibarigaoka-hanayashiki HK 51

山本 Yamamoto HK 52

中山観音 Nakayama-kannon HK 53

売布神社 Mefu-jinja HK 54

清荒神 Kiyoshikojin HK 55

宝塚 Takarazuka HK 56

Express
Semi-Express
Local

日生中央 Nissei-chuo NS 21

Limited Express
Local

≺ 日生線 ≻ Nissei Line

普通

絹延橋 Kinunobashi NS 02

滝山 Takiyama NS 03

鶯の森 Uguisunomori NS 04

鼓滝 Tsuzumigataki NS 05

多田 Tada NS 06

平野 Hirano NS 07

一の鳥居 Ichinotorii NS 08

畦野 Uneno NS 09

山下 Yamashita NS 10

笹部 Sasabe NS 11

光風台 Kofudai NS 12

ときわ台 Tokiwadai NS 13

妙見口 Myokenguchi NS 14

ケーブル
リフト

Local

≺ 妙見線 ≻ Myoken Line

能勢電鉄線 Nose Rwy.

HK 50 NS 01

2019.10.1 Ⓑ

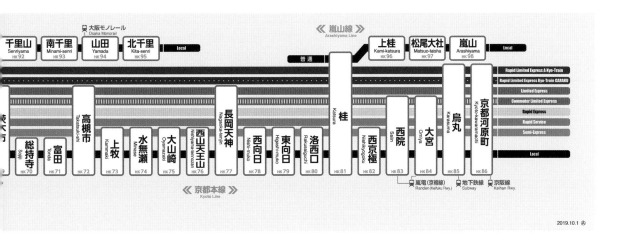

大阪モノレール Osaka Monorail

千里山 Senriyama HK 92

南千里 Minami-senri HK 93

山田 Yamada HK 94

北千里 Kita-senri HK 95

Local

≪ 嵐山線 ≫ Arashiyama Line

上桂 Kami-katsura HK 96

松尾大社 Matsuo-taisha HK 97

嵐山 Arashiyama HK 98

Local

普通

総持寺 Sojiji HK 70

富田 Tonda HK 71

高槻市 Takatsuki-shi HK 72

上牧 Kanmaki HK 73

水無瀬 Minase HK 74

大山崎 Oyamazaki HK 75

西山天王山 Nishiyama-tennozan HK 76

長岡天神 Nagaoka-tenjin HK 77

西向日 Nishi-muko HK 78

東向日 Higashi-muko HK 79

洛西口 Rakusaiguchi HK 80

桂 Katsura HK 81

西京極 Nishikyogoku HK 82

西院 Saiin HK 83

大宮 Omiya HK 84

烏丸 Karasuma HK 85

京都河原町 Kyoto-kawaramachi HK 86

Rapid Limited Express A Kyo-Train
Rapid Limited Express Kyo-Train GARAKU
Limited Express
Commuter Limited Express
Rapid Express
Rapid Service
Semi-Express
Local

嵐電（京福） Randen (Keifuku Rwy.)
地下鉄線 Subway
京阪線 Keihan Rwy.

≪ 京都本線 ≫ Kyoto Line

2019.10.1 Ⓐ

阪神電気鉄道
HANSHIN ELECTRIC RAILWAY CO., LTD.

社　　名	阪神電気鉄道株式会社	営業キロ	48.9キロ
営業範囲	大阪府・兵庫県	路線数	4路線
営業開始	1905(明治38)年	駅数	51駅

停車駅のご案内

◎ 一部の列車が通過します　▶ 上り列車のみ運転・停車します　◀ 下り列車のみ運転・停車します

各列車とも、運転区間は最大の列車を表示しています。平日、土休日とも時間常により運転区間が変わる列車がございます。
※区間特急・区間急行は平日の午前ラッシュ時に運転します。
※土休日の直通特急は、甲子園に終日停車します。
※土休日の快速急行は、武庫川・今津に終日停車します。

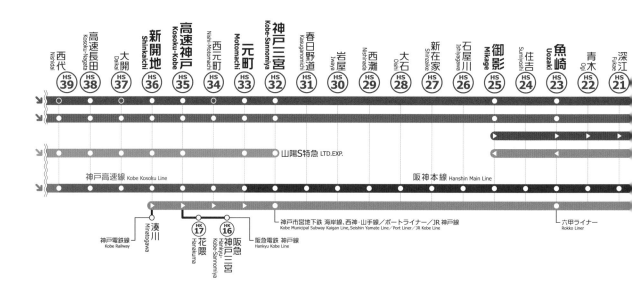

神戸高速線 Kobe Kosoku Line　　山陽S特急 LTD.EXP.　　阪神本線 Hanshin Main Line

神戸市営地下鉄 海岸線、西神・山手線／ポートライナー／JR神戸線
Kobe Municipal Subway Kaigan Line, Seishin Yamate Line／Port Liner／JR Kobe Line

神戸電鉄線 Kobe Railway　　阪急電鉄 神戸線 Hankyu Kobe Line　　六甲ライナー Rokko Liner

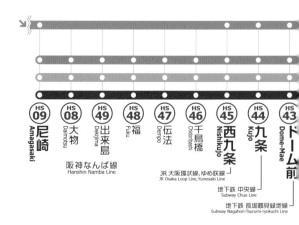

阪神なんば線 Hanshin Namba Line

JR大阪環状線、ゆめ咲線 JR Osaka Loop Line, Yumesaki Line

地下鉄 中央線 Subway Chuo Line

地下鉄 長堀鶴見緑地線 Subway Nagahori-Tsurumi-ryokuchi Line

——（他社との共同使用駅2駅を含む）

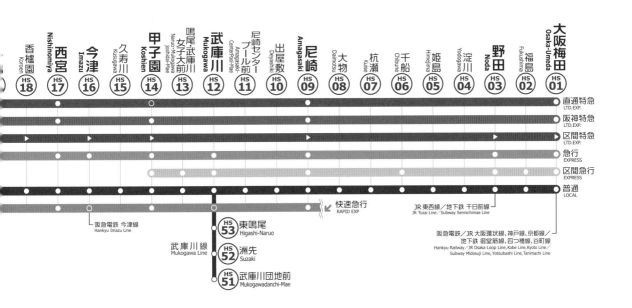

山陽電気鉄道
Sanyo Electric Railway Co., Ltd.

社　名	山陽電気鉄道株式会社	営業キロ	63.2キロ
営業範囲	兵庫県	路線数	2路線
営業開始	1910(明治43)年	駅　数	49駅

山陽姫路(43) 手柄(42) 亀山(41) 飾磨(40) 妻鹿(39) 白浜の宮(38) 的形(37) 八家(36) 大塩(35) 山陽曽根(34) 伊保(33) 荒井(32) 尾上の松(31) 高砂(30) 浜の宮(29) 別府(28) 播磨町(27) 西二見(26) 東二見(25) 山陽魚住(24) 西江井ヶ島(23) 江井ヶ島(22) 中八木(21) 藤江(20) 林崎松江海岸(19) 西新町(18) 山陽明石(17) 人丸前(16) 大蔵谷(15) 西舞子(14) 舞子公園(13) 霞ヶ丘(12) 山陽垂水(11) 東垂水(10) 滝の茶屋(09) 山陽塩屋(08) 須磨浦公園(07) 山陽須磨(06) 須磨寺(05) 月見山(04) 東須磨(03) 板宿(02) 西代(01)

直通特急 LTD.EXP.
山陽特急 LTD.EXP. 山陽特急
山陽S特急 LTD.EXP.
普通 LOCAL

山陽電車本線 Sanyo Railway Main Line

阪神特急

神

山陽新幹線
JR 神戸線·山陽本線
播但線、姫新線
Shinkansen / JR Kobe Line
Sanyo Main Line
Banton Line, Kishin Line

網干線
Aboshi Line

山陽姫路(56) 平松(55) 山陽天満(54) 広畑(53) 夢前川(52) 西飾磨(51)
Sanyo-Aboshi / Hiramatsu / Sanyo-Tenma / Hirohata / Yumesakigawa / Nishi-shikama

停車駅のご案内

● 一部の列車が停車します　▶ 上り列車のみ停車します　◀ 下り列車のみ停車します

各列車とも、運転区間は最大の列車を表示しています。平日、土休日とも時間帯により運転区間が変わる列車がございます。
※山陽S特急は平日の午前ラッシュ時·深夜及び土休日の早朝·深夜に運転します。
※土休日の直通特急は、甲子園に終日停車します。

北条鉄道
Hojo Railway Company

社　名	北条鉄道株式会社	営業キロ	13.6キロ
営業範囲	兵庫県	路線数	1路線
営業開始	1985(昭和60)年	駅　数	8駅

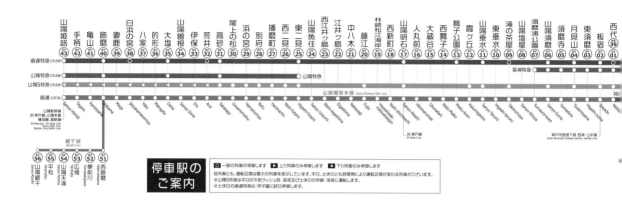

北 条 鉄

玉丘史跡公園

丸山総合公園

フラワーセンター

五百羅漢

いこいの村はりま

酒見寺

住吉神社

瀬井堂（鎮岩町）

長駅 石の駅長

古法華

ほうじょうまち
北条町
HOJOMACHI

はりまよこた
播磨横田
HARIMA YOKOTA

おさ
長
OSA

播磨横田駅 ギャラリー

長駅 古い駅舎

播磨下里駅

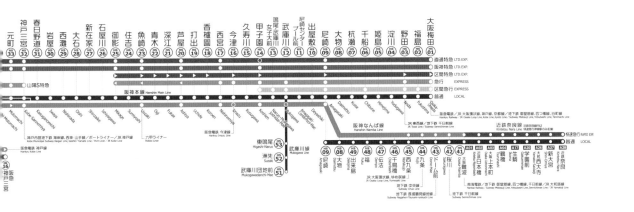

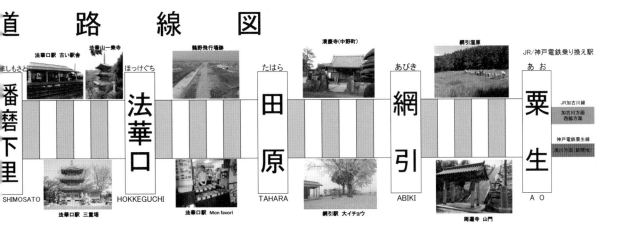

神戸市営地下鉄
Kobe City Transportation Bureau

社　　名	神戸市交通局	営業キロ	30.6キロ
営業範囲	兵庫県	路線数	2路線
営業開始	1977(昭和52)年	駅　　数	26駅

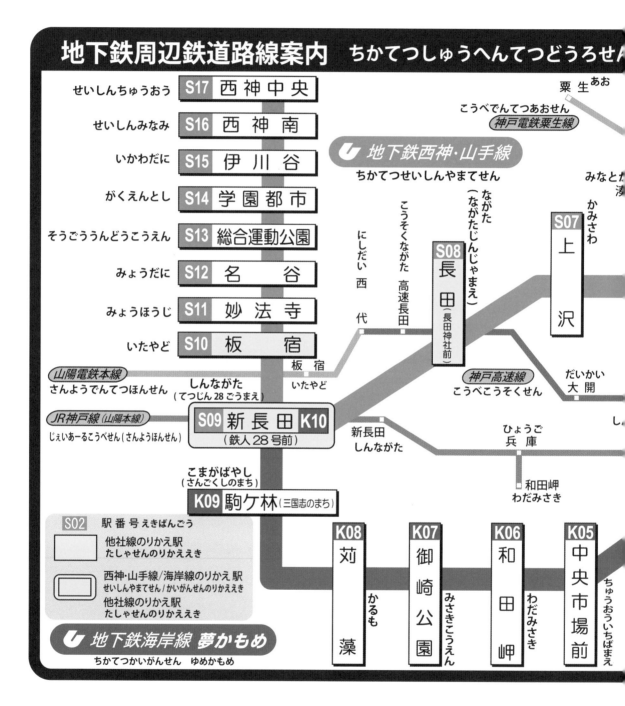

地下鉄周辺鉄道路線案内　ちかてつしゅうへんてつどうろせ

せいしんちゅうおう　S17 西神中央

せいしんみなみ　S16 西神南

いかわだに　S15 伊川谷

がくえんとし　S14 学園都市

そうごううんどうこうえん　S13 総合運動公園

みょうだに　S12 名谷

みょうほうじ　S11 妙法寺

いたやど　S10 板宿

山陽電鉄本線
さんようでんてつほんせん

しんながた
(てつじん28ごうまえ)

JR神戸線(山陽本線)
じぇいあーるこうべせん(さんようほんせん)

S09 新長田 K10
(鉄人28号前)

こまがばやし
(さんごくしのまち)
K09 駒ケ林(三国志のまち)

地下鉄西神・山手線
ちかてつせいしんやまてせん

にしだい　西代

こうそくながた　高速長田

S08 長田(長田神社前)

板宿　いたやど

新長田　しんながた

神戸高速線
こうべこうそくせん

粟生 あお

こうべでんてつあおせん
(神戸電鉄粟生線)

みなとた　湊

S07 上沢
かみさわ

だいかい　大開

ひょうご　兵庫

和田岬
わだみさき

S02 駅番号 えきばんごう

□ 他社線のりかえ駅
たしゃせんのりかええき

▢ 西神・山手線/海岸線のりかえ 駅
せいしんやまてせん/かいがんせんのりかええき
他社線のりかえ駅
たしゃせんのりかええき

地下鉄海岸線 夢かもめ
ちかてつかいがんせん　ゆめかもめ

K08 苅藻 かるも

K07 御崎公園 みさきこうえん

K06 和田岬 わだみさき

K05 中央市場前 ちゅうおういちばまえ

■ **北神急行電鉄** ※北神急行は2020年6月に市営化の予定。

営業範囲	兵庫県	営業キロ	7.5キロ
営業開始	1988(昭和63)年	路線・駅数	1路線・2駅

こうべでんてつこうえんとしせん
神戸電鉄公園都市線

よこやま
横山

さんだ
三田

たにがみ
S01 谷上

ウッディタウン中央
うっでぃたうんちゅうおう

神戸電鉄三田線
こうべでんてつさんだせん

こうべでんてつありません
神戸電鉄有馬線

有馬口
ありまぐち

ほくしんきゅうこう 北神急行

有馬温泉
ありまおんせん

しんこうべ
S02 新神戸

しんこうべ
新神戸

さんようしんかんせん
山陽新幹線

おおくらやま
S05 大倉山

けんちょうまえ
S04 県庁前

さんのみや
S03 三宮

はんきゅうこうべせん
阪急神戸線

じぇいあーるこうべせん(とうかいどうほんせん)
JR神戸線(東海道本線)

住吉
すみよし

はんしんほんせん
阪神本線

うそくこうべ
高速神戸

はなくま
花隈

さんのみや
三宮

ろっこうらいなー
六甲ライナー

魚崎
うおざき

べ戸

もとまち
元町

さんのみや
三ノ宮

ぽーとらいなー
ポートライナー

南魚崎(酒蔵の道)
みなみうおざき
(さかぐらのみち)

にしもとまち
西元町

もとまち
元町

さんのみや
三宮

貿易センター
ぼうえきせんたー

アイランド北口
あいらんどきたぐち

K03 みなと元町

K02 旧居留地・大丸前

K01 三宮・花時計前

さんのみや・はなどけいまえ

三宮
さんのみや

ポートターミナル
ぼーとーみなる

アイランドセンター
あいらんどせんたー

みなともとまち

きゅうきょりゅうち・だいまるまえ

中公園
なかこうえん

北埠頭
きたふとう

マリンパーク
まりんぱーく

みなとじま
みなとじま

南公園
みなみこうえん

市民広場
しみんひろば

中埠頭
なかふとう

京コンピュータ前
けいこんぴゅーたまえ

医療センター
いりょうせんたー

神戸空港 こうべくうこう 神戸空港マリンエア
KOBE AIRPORT MARINE AIR

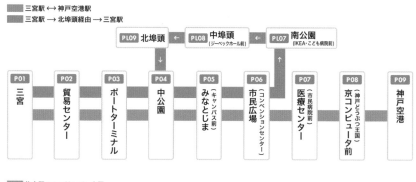

114 神戸新交通
Kobe New Transit Co., Ltd.

社　　名	神戸新交通株式会社	営業キロ	15.3キロ
営業範囲	兵庫県	路線数	2路線
営業開始	1981（昭和56）年	駅　　数	18駅

■ 三宮駅 ←→ 神戸空港駅
■ 三宮駅 → 北埠頭経由 → 三宮駅

PL09 北埠頭　PL08 中埠頭（ジーベックホール前）　PL07 南公園（IKEA・こども病院前）

P01 三宮　P02 貿易センター　P03 ポートターミナル　P04 中公園　P05 みなとじま（キャンパス前）　P06 市民広場（コンベンションセンター）　P07 医療センター（市民病院前）　P08 京コンピュータ前（神戸どうぶつ王国）　P09 神戸空港

■ 住吉駅 ←→ マリンパーク駅

R01 住吉　R02 魚崎　R03 南魚崎（酒造の道）　R04 アイランド北口（小磯記念美術館前）　R05 アイランドセンター（ファッションマート前）　R06 マリンパーク

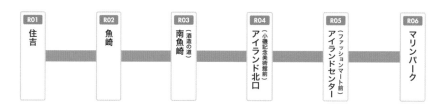

115 神戸電鉄
Kobe Electric Railway Co.,Ltd.

社　　名	神戸電鉄株式会社	営業キロ	69.6キロ
営業範囲	兵庫県	路線数	5路線
営業開始	1928（昭和3）年	駅　　数	47駅

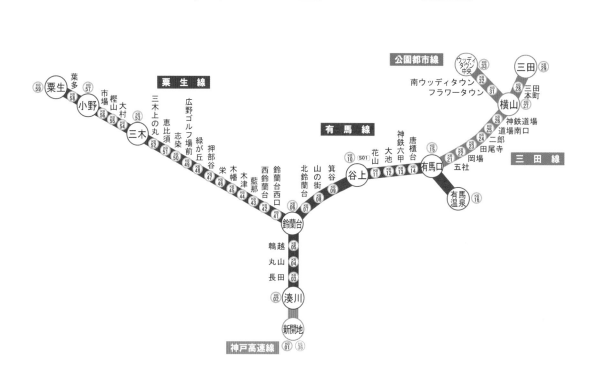

116 南海電鉄
Nankai Electric Railway Co., Ltd.

社　　名	南海電気鉄道株式会社	営業キロ	154.8キロ
営業範囲	大阪府・和歌山県	路線数	8路線
営業開始	1885（明治18）年	駅　数	100駅

南海沿線エリアマップ

南　海　線
空　港　線
高　野　線
阪堺電気軌道線
泉北高速鉄道線

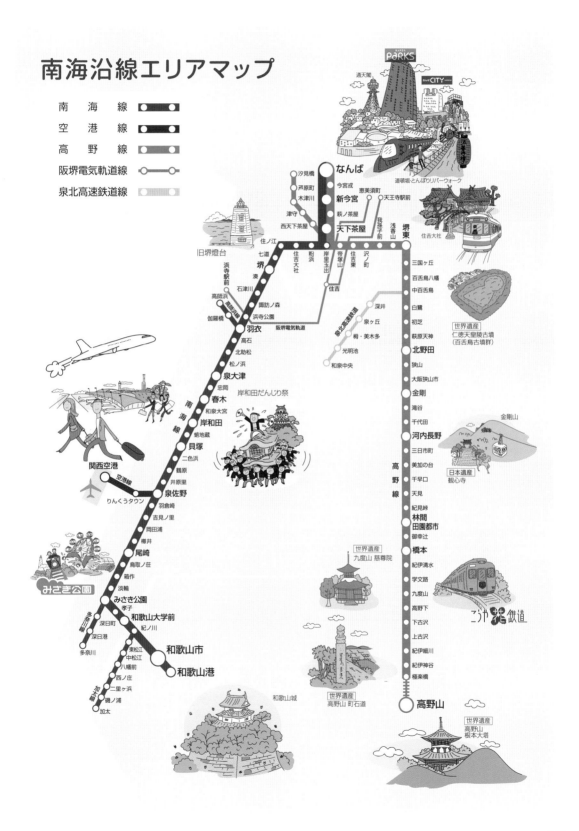

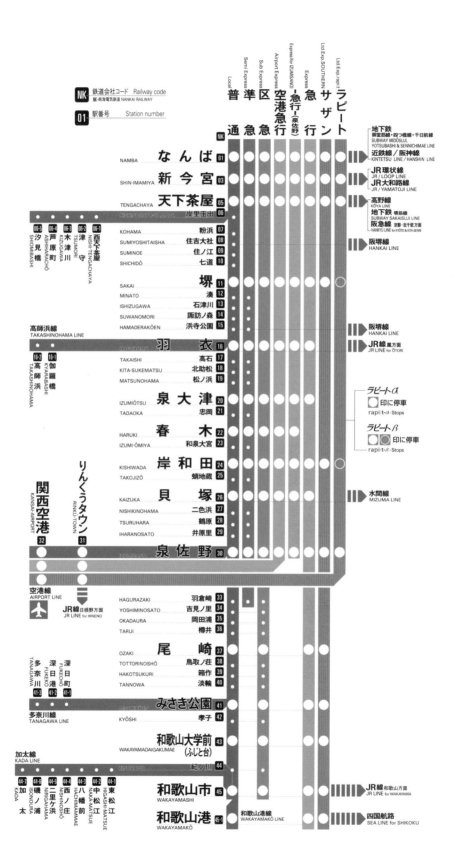

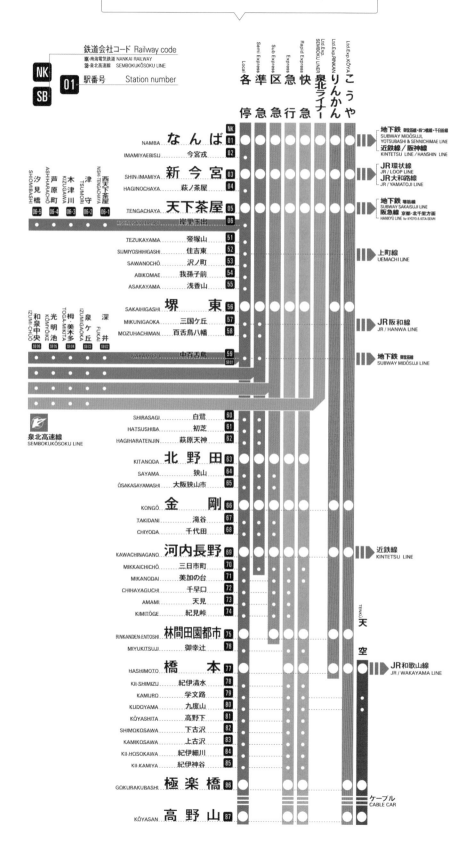

左が南海本線、右が南海高野線の停車駅案内。
高野線の極楽橋駅には高野山ケーブルが接続している。

117 泉北高速鉄道
SEMBOKU RAPID RAILWAY CO., LTD.

社　　　名	泉北高速鉄道株式会社	営業キロ	14.3キロ
営業範囲	大阪府	路線数	1路線
営業開始	1971(昭和46)年	駅　数	6駅

電車の種別と停車駅のご案内

	南海高野線														泉北高速鉄道線					
	難波	今宮戎	新今宮	萩ノ茶屋	天下茶屋	岸里玉出	帝塚山	住吉東	沢ノ町	我孫子前	浅香山	堺東	三国ヶ丘	百舌鳥八幡	中百舌鳥	深井	泉ヶ丘	栂・美木多	光明池	和泉中央
泉北ライナー	●		●		●												●	●	●	●
区間急行	●		●		●							●			●	●	●	●	●	●
準急行	●		●		●							●			●	●	●	●	●	●
各駅停車（泉北高速鉄道線内折返し列車）															●	●	●	●	●	●

119 阪堺電車
Hankai Tramway Co., Ltd.

社　　　名	阪堺電気軌道株式会社	営業キロ	18.3キロ
営業範囲	大阪府	路線数	2路線
営業開始	1900(明治33)年	駅　数	40駅

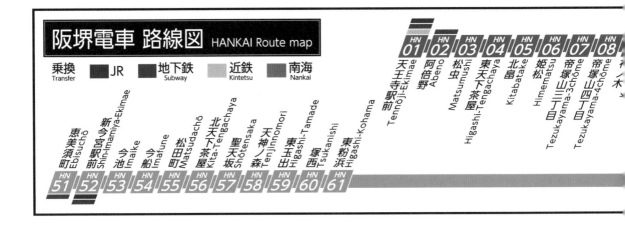

阪堺電車 路線図 HANKAI Route map

乗換 Transfer　■ JR　■ 地下鉄 Subway　■ 近鉄 Kintetsu　■ 南海 Nankai

社 名	水間鉄道株式会社	営業キロ 5.5キロ
営業範囲	大阪府	路線数 1路線
営業開始	1925(大正14)年	駅 数 10駅

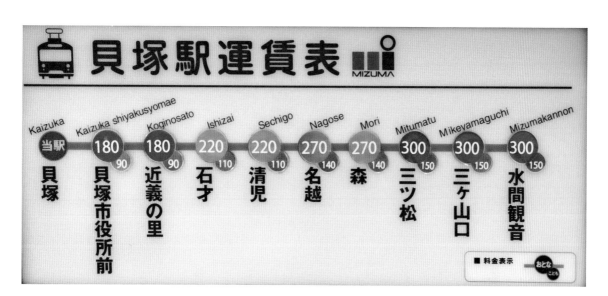

乗車運賃 Fares (Flat rate system)	大人 (Adult) ¥210	小児 (Child) ¥110	6才以上 12才以下 (Under12years,Over6years old)

和歌山電鐵
WAKAYAMA ELECTRIC RAILWAY Co., Ltd.

社　　名	和歌山電鐵株式会社	営業キロ	14.3キロ
営業範囲	和歌山県	路線数	1路線
営業開始	1916（大正5）年	駅　数	14駅

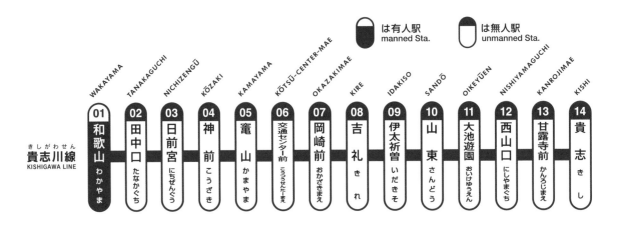

貴志川線
KISHIGAWA LINE

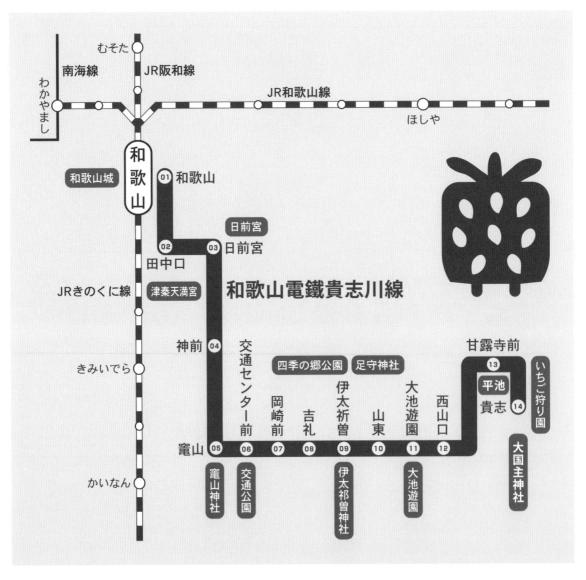

和歌山電鐵貴志川線

社　名	紀州鉄道株式会社	営業キロ	2.7キロ
営業範囲	和歌山県	路線数	1路線
営業開始	1931(昭和6)年	駅数	5駅

① 御坊　② 学門　③ 紀伊御坊　④ 市役所前　⑤ 西御坊

御坊
↓
学門
↓
紀伊御坊
↓
市役所前
↓
西御坊

KISHU RAILWAY
紀州鉄道

KR301

中国・四国地方

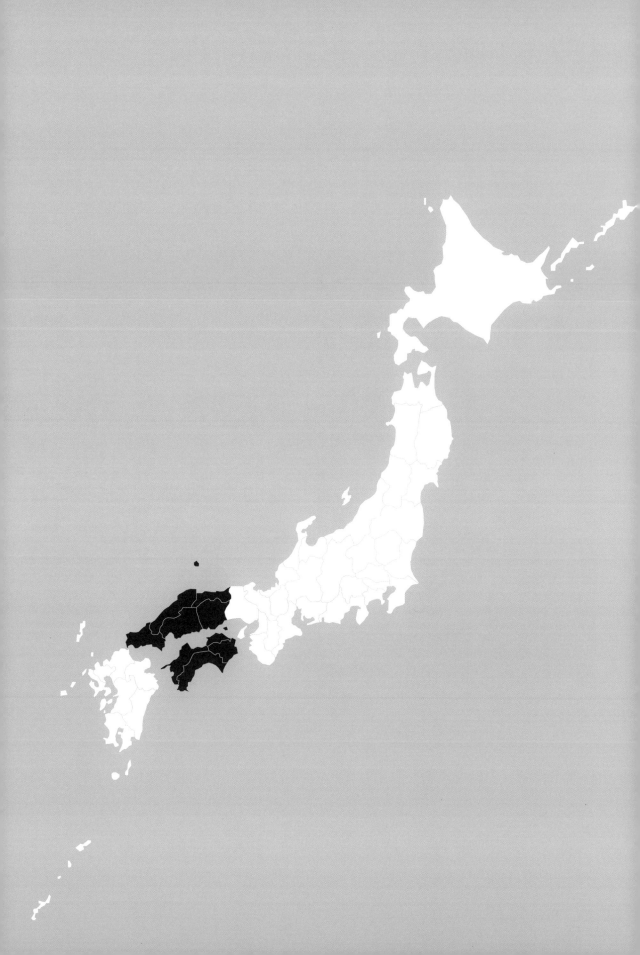

智頭急行
Chizu Express Co., Ltd.

社　　名	智頭急行株式会社	営業キロ	56.1キロ
営業範囲	兵庫県・岡山県・鳥取県	路線数	1路線
営業開始	1986（昭和61）年	駅　数	14駅

駅以外の施設についての情報は設置当時のもの。
2020(令和2)年現在では変更になっている場合がある。

社 名	井原鉄道株式会社	営業キロ	41.7キロ
営業範囲	岡山県・広島県	路線数	1路線
営業開始	1999（平成11）年	駅数	15駅

乗り換え JR 福塩線
transfer Japan Railway Fukuen Line
換乗 JR 福盐线
환승 JR 후쿠엔선

福山方面
For Fukuyama
福山方向
후쿠야마방면

府中方面
For Fuchū
府中方向
후추방면

井原鉄道 井
Ibara Railway
井原铁
이바라철

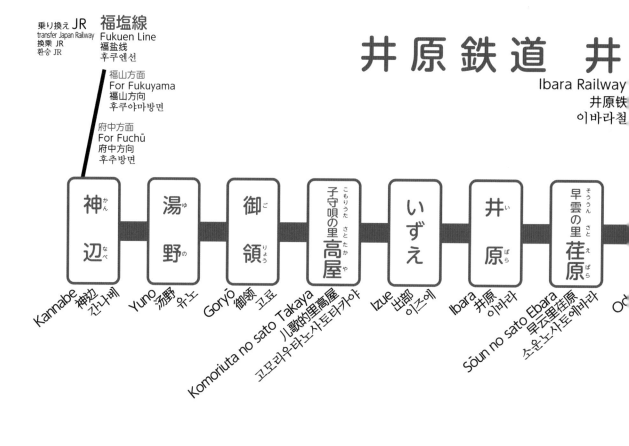

神辺 かん なべ
Kannabe 神辺 간나베

湯野 ゆ の
Yuno 汤野 유노

御領 ご りょう
Goryō 御领 교료

子守唄の里高屋 こもりうた さと たかや
Komoriuta no sato Takaya 儿歌的里高屋 고모리우타노사토타카야

いずえ
Izue 出部 이즈에

井原 い ばら
Ibara 井原 이바라

早雲の里荏原 そううん さと えばら
Sōun no sato Ebara 早云里荏原 소운노사토에바라

線 路線図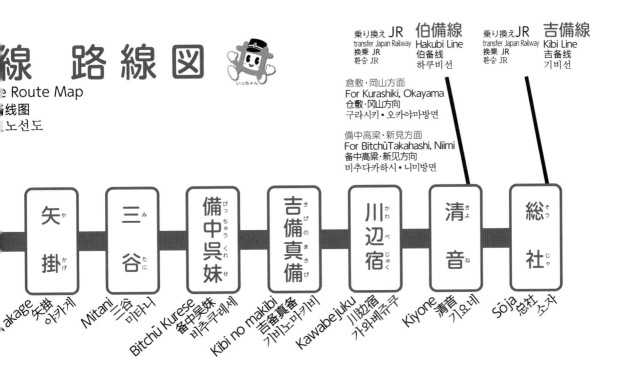

e Route Map

線図

노선도

乗り換え JR 伯備線
transfer Japan Railway Hakubi Line
換乗 JR 伯备线
환승 JR 하쿠비선

乗り換え JR 吉備線
transfer Japan Railway Kibi Line
換乗 JR 吉备线
환승 JR 기비선

倉敷・岡山方面
For Kurashiki, Okayama
仓敷・冈山方向
구라시키・오카야마방면

備中高梁・新見方面
For BitchūTakahashi, Niimi
备中高粱・新见方向
비추다카하시・니미방면

矢掛
や かげ
akage 矢掛 야카게

三谷
み たに
Mitani 三谷 미타니

備中呉妹
びっちゅう くれ せ
Bitchū Kurese 备中吴妹 비쮸구레세

吉備真備
きび のまきび
Kibi no makibi 吉备真备 기비노마키비

川辺宿
かわ べ じゅく
Kawabejuku 川辺宿 가와베쥬쿠

清音
きよ ね
Kiyone 清音 기요네

総社
そう じゃ
Sōja 总社 소자

171

社　名	岡山電気軌道株式会社	営業キロ	4.7キロ
営業範囲	岡山県	路線数	2路線
営業開始	1912（明治45）年	駅数	16駅

路線案内 Streetcar

橋

橋
ashi Bri.

夢二郷土美術館
Yumeji Art Museum

岡山県立博物館
Okayama Prefectural
Museum

岡山後楽園
Okayama Korakuen Garden

gawa River

山公園
yama Park

月見橋
Tsukimibashi Bri.

岡山城
Okayama Castle

市民会館
a Civic Hall

烏城公園

林原美術館
Hayashibara Museum of Art

行本店
k Head Office

岡山県立図書館
Okayama Prefectural Library

り Kencho-dori St.

岡山県庁
Okayama
Prefecutural Office

相生橋

ne

ホール
II

市民文化ホール

中央公民館

京橋

H07
小橋
Kobashi

H08
中納言
Chunagon

岡山電気軌道
Okayama Electric Tramway Co., Ltd.

京橋

H09
門田屋敷
Kadotayashiki

H10
東山
おかでんミュージアム駅
Higashiyama
OKADEN MUSEUM

東山公園

山陽女子中・高校

おかでんミュージアム＋
水戸岡鋭治デザイン
Okaden Museum +
Mitooka Eiji design

岡山医療福祉専門学校

岡山協立病院

岡山大学
附属小・中学校

岡山東商業高校

若桜鉄道
WAKASA RAILWAY

社 名	若桜鉄道株式会社	営業キロ	19.2キロ
営業範囲	鳥取県	路線数	1路線
営業開始	1987(昭和62)年	駅 数	8駅

因幡船岡駅構内にて撮影。

水島臨海鉄道
Mizushima Rinkai Railway

社　名	水島臨海鉄道株式会社	営業キロ	10.4キロ
営業範囲	岡山県	路線数	1路線
営業開始	1970(昭和45)年	駅数	10駅

水島臨海鉄道ご案内

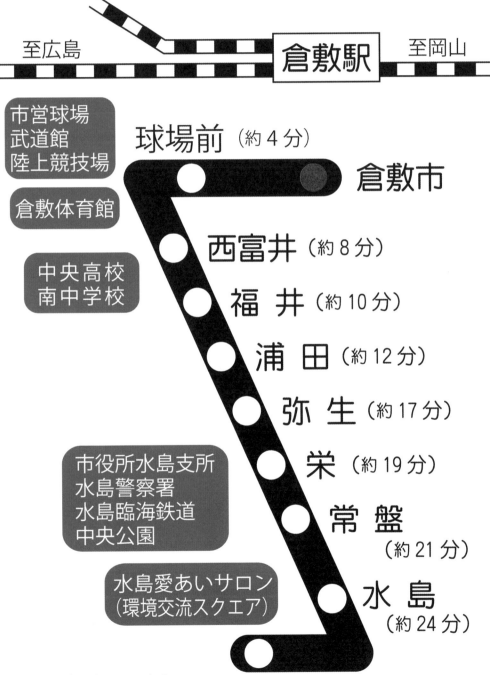

至広島　　　　　　　倉敷駅　　　至岡山

市営球場
武道館
陸上競技場

球場前 (約4分)

倉敷市

倉敷体育館

西富井 (約8分)

中央高校
南中学校

福　井 (約10分)

浦　田 (約12分)

弥　生 (約17分)

栄 (約19分)

市役所水島支所
水島警察署
水島臨海鉄道
中央公園

常　盤
(約21分)

水島愛あいサロン
(環境交流スクエア)

水　島
(約24分)

三菱自工前 (約26分)

広島電鉄
HIROSHIMA ELECTRIC RAILWAY CO., LTD.

社　　名	広島電鉄株式会社	営業キロ	35.1キロ
営業範囲	広島県	路 線 数	7路線
営業開始	1912（大正元）年	駅　　数	82駅

広電電車 路線案内図

市内線均一運賃
2 宮島線・9 白島線を除く
大人 **190**円 ｜ 小児 **100**円

7 8
Y5 よこがわえき 横川駅
西区民文化センター
Y4 よこがわいっちょうめ 横川一丁目
横川新橋
Y3 べついんまえ 別院前
Y2 てらまち 寺町
相生橋
M12 Y1 とうかいちまち 十日市町
M11 ほんかわちょう 本川町
M10 原爆ドー
平和記念公
M13 どばし 土橋

2 3
M19 ひろでんにしひろしま 広電西広島 (己斐)
かんおんまち 観音町 てんまちょう 天満町 こあみちょう 小網町
新己斐橋
M16 M15 M14
ひろでんてんまちょう 広電天満橋
M18 M17
M20 ひがしたかす 東高須
ふくしままち 福島町 にしかんおんまち 西観音町
にしひろしま 西広島
M21 たかす 高須
西区役所
E1 ふないりまち 舟入町 ●広島市役
M22 ふるえ 古江
天満川 舟入市民病院
E2 ふないりほんまち 舟入本町 ●JMSアス
M23 くさつ 草津
E3 ふないりさいわいちょう 舟入幸町
JR山陽本線
M24 くさつみなみ 草津南
E4 ふないりかわぐちちょう 舟入川口町
太田川放水路
M25 しょうこうせんたーいりぐち 商工センター入口
E5 ふないりみなみ 舟入南
しんいのくち 新井口
コカ・コーラボトラーズジャパン 広島総合グランド
M26 いのくち 井口 ●アルパーク
E6 えば 江波
M27 しゅうだいきょうそうちゅうこうまえ 修大協創中高前
6 8 ●江波山気象館
いつかいち 五日市
M28 ひろでんいつかいち 広電五日市

路線番号		運行
1	M1 広島駅～〈紙屋町	
2	M1 広島駅～〈紙屋町	
3	M19 広電西広島（己斐）	
5	M1 広島駅～〈比治山	
6	M1 広島駅～〈紙屋町	
7	Y5 横川駅～〈紙屋町	
8	Y5 横川駅～〈土橋〉～	
9	W1 八丁堀～ W5 白島	

M29 さえきくやくしょまえ 佐伯区役所前
M30 らくらくえん 楽々園
M31 さんようじょがくえんまえ 山陽女学園前
はつかいち 廿日市
M32 ひろでんはつかいち 広電廿日市
M33 はつかいちしやくしょまえ（へら）廿日市市役所前（平良）
みやうちくしど 宮内串戸
M34 みやうち 宮内
M35 じぇいえーひろしまびょういんまえ JA広島病院前
M36 じごぜん 地御前
M37 あじなひがし 阿品東
あじな 阿品
M38 ひろでんあじな 広電阿品
みやじまぐち 宮島口
M39 ひろでんみやじまぐち 広電宮島口
2
至下関 ↓

2 宮島線
広電西広島（己斐） 広電宮島口
M19 ⟷ M39
区間運賃
車内の宮島線区間運賃をご確認ください

市内線 広電宮島口
M1 ～ M18 ⟷ M39
大人 **270**円 小児 **140**円

宮島松大汽船
宮島ロープウエー
嚴島神社
宮島
もみじ本陣

ご利用いただけます
Kitaca PASMO Suica

128 JR四国
Shikoku Railway Company

社　名	四国旅客鉄道株式会社	営業キロ	855.2キロ
営業範囲	四国地方	路線数	11路線
営業開始	1987(昭和62)年	駅　数	259駅

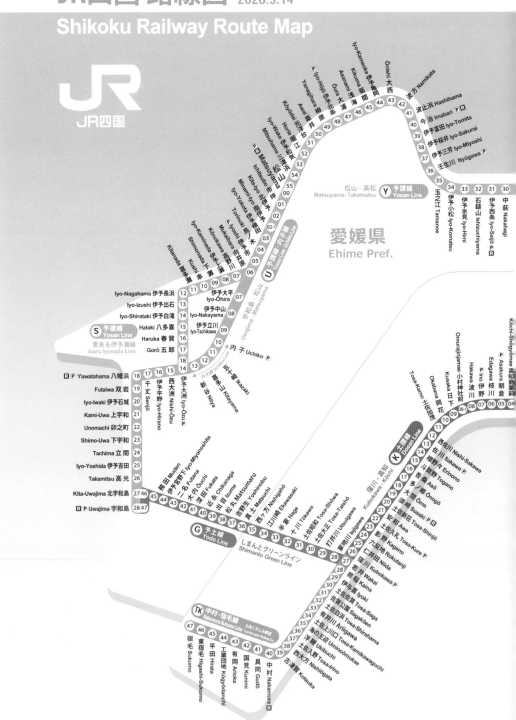

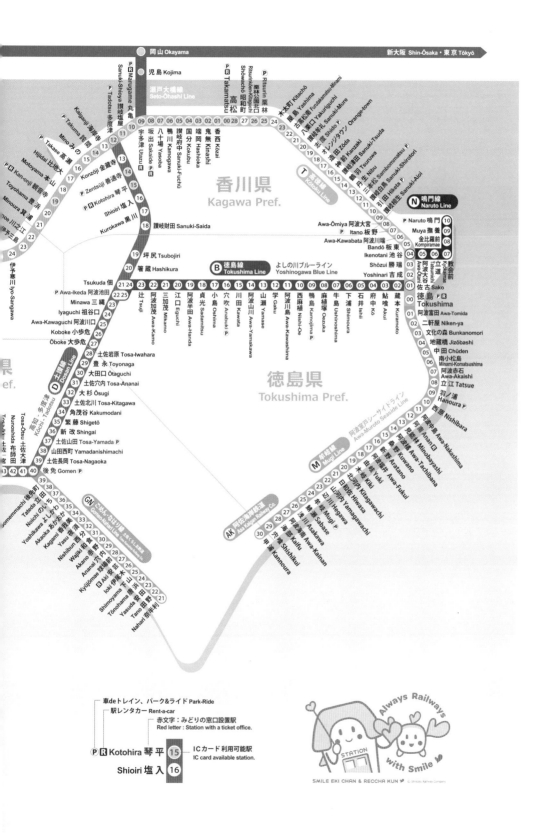

ことでん
TAKAMATSU-KOTOHIRA ELECTRIC RAILROAD Co., Ltd.

社　名	高松琴平電気鉄道株式会社	営業キロ	60.0キロ
営業範囲	香川県	路線数	3路線
営業開始	1943（昭和18）年	駅　数	52駅

ことでん路線図
Kotoden Route Map

琴平線（32.9
長尾線（14.6
志度線（12.5
JR線
空港リムジン

瀬戸大橋

サンポート高松

五色台

JR高松駅

坂出

宇多津

栗林公園

綾川（イオンモール綾川）

丸亀

一宮　K08

多度津

円座　K09

岡本　K10

挿頭丘　K11

畑田　K12

陶　K13

一宮寺（83番札所）

琴平線

滝宮　K14

羽床　K15

栗熊　K16

岡田　K17

羽間　K18

榎井　K19

K20

琴電琴平　K21

滝宮天満宮

金刀比羅宮

琴平

国営讃岐まんのう公園

男木島

女木島

小豆島

屋島源平古戦場

新屋島水族館

四国村

屋島寺（84番札所）

八栗寺（85番札所）

平賀源内記念館

志度寺（86番札所）

築港 N00

松島二丁目 S00 N02

今橋 S00

松島二丁目

沖松島 S01

春日川 S02

潟元 S03

琴電屋島 S04

古高松 S05

八栗 S06

六万寺 S07

大町 S08

八栗新道 S09 S10

塩屋 S11

房前 S12

原 S13

琴電志度 S14 S15

花園 N03

林道 N04

木太東口 N05

元山 N06

水田 N07

西前田 N08

高田 N09

池戸 N10

農学部前 N11

屋島

志度

志度線

仏生山温泉

長尾寺（87番札所）

大窪寺（88番札所）

長尾線

平木 N12

学園通り N13

白山 N14

井戸 N15

公文明 N16

長尾 N17

高松グランドCC

うみ・まち・さと——心でむすぶ

ことでん

181

130 土佐くろしお鉄道
Tosa Kuroshio Tetsudo Co., Ltd.

社　　名	土佐くろしお鉄道株式会社	営業キロ	109.3キロ
営業範囲	高知県	路線数	3路線
営業開始	1986（昭和61）年	駅　　数	43駅

WELCOME TO THE GOMEN-NAHARI LINE
The characters designed by ©やなせ

ごめん・なはり線 JR.

土佐くろしお鉄道「ごめん・なはり線」のご案内

- ・平成14年7月1日に開通。南国市の「後免駅」から奈半利町の「奈半利駅」までの42.7kmを20駅で結んでいます
- ・海沿いを走るところが多く、ほとんどが高架になっているので、見晴らしバツグン！車道からの景色とは違った、田園風景や町並み、雄大な太平洋の水平線を眺めながら、のんびり列車の旅が楽しめます。
- ・後免駅でJR土讃線と連絡しており、JR高知駅まで直通運転も行っています。
- ・漫画家やなせたかし先生デザインの全20駅にちなんだキャラクター達もお楽しみ下さい。

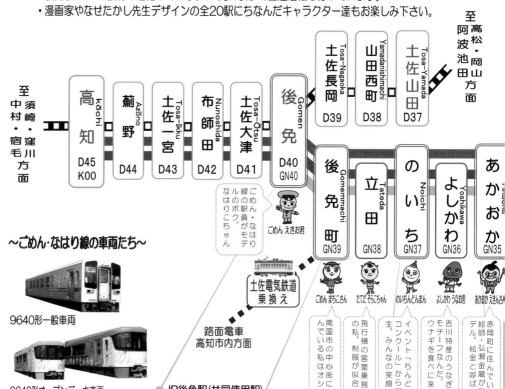

至高松・岡山方面
至阿波池田方面

土佐長岡 D39
山田西町 D38
土佐山田 Tosa-Yamada D37

高知 kōchi D45 K00
薊野 Azono D44
土佐一宮 Tosa-Ikku D43
布師田 Nunoshida D42
土佐大津 Tosa-Ōtsu D41
後免 Gomen D40 GN40

至中村・須崎・窪川・宿毛方面

後免町 Gomemmachi GN39
立田 Tateda GN38
のいち Noichi GN37
よしかわ Yoshikawa GN36
あかおか Akaoka GN35

なはりのボク。こでんこちゃんが線のごめん・なはり駅員・モデルごめん えきお君

土佐電気鉄道 乗換え

路面電車 高知市内方面

ごめんまちこさん
たてだそらちゃん
のいちんどんさん
よしかわうなぎさん
あかおか えきんさん

ん。南国市の中心街に住んでいる私はオシャ

の飛行機の客室乗務員の制服が似合っ私

生。みんなの笑顔がコンクールからイベントっちんどんで誕

ウナギを食べに来て吉川特産のうなぎがモチーフっちんどんなんだ。

デル。絵師・弘瀬金蔵と呼ばれ赤岡町に住んでいた絵金をモ

～ごめん・なはり線の車両たち～

9640形一般車両

9640形オープンデッキ車両

ほかにも
　ゴトゴト美術館号
　モネの庭号
　てのひらを太陽に号
　　などの楽しい列車が走っているよ！

JR後免駅（共同使用駅）
★JR線乗換え駅
みどりの窓口
エレベーター
JRワーププラザ
タクシー
～後免駅からの主な施設～
第29番札所　国分寺　最寄り駅（徒歩30分）
歴史民俗資料館（車15分）
西島園芸団地（車5分）

後免町駅（愛称：ありがとう駅）
★路面電車・路線バス 乗換え駅
エレベーター
タクシー

のいち駅
エレベーター
売　店（定期券・回数券委託販売）
　（各種キャラクターグッズ販売）
レンタサイクル（有料）
タクシー
～のいち駅からの主な施設～
高知龍馬空港　最寄り駅（車10分）
第28番札所　大日寺　最寄り駅（徒歩30分）
のいち動物公園（徒歩20分）
龍馬歴史館（徒歩10分）
四国自動車博物館（徒歩10分）
世界クラシックカー博物館（徒歩10分）
龍河洞（車10分）

～龍馬歴史館～
～のいち動物公園～

線 運行区間 路線図

土佐くろしお鉄道㈱

運行系統図

- ▬▬▬▬ JR 土讃線
- 快速列車の停車駅と運行区間（JR高知駅 直通運転）
- 普通列車の停車駅と運行区間（JR高知駅 直通運転）
- （注）■■ ■■ 系統の列車は、JR線高松・岡山方面へは後免駅でお乗換えです
- 普通列車の停車駅と運行区間（ごめん・なはり線内 運転）
- （注）■■ 系統の列車は、JR線へは後免駅でお乗換えです

駅名
駅ナンバリング

● 駅施設など
表記中には公的機関・民間団体
などの運営のものを含みます。

～駅からの主な施設～
（交通手段とおおよその所要時間）

～太平洋の水平線～

～高知東海岸 ダルマ太陽～

● 田野駅
地場産品市場
～田野駅からの主な施設～
二十三士温泉（徒歩10分）
岡御殿（徒歩10分）
浜口雄幸旧邸（車5分）

● ～唐浜駅からの主な施設～
第27番札所 神峯寺
最寄り駅（徒歩90分）

夜須 Yasu GN33	西分 Nishibun GN32	和食 Wajiki GN31	赤野 Akano GN30	穴内 Ananai GN29	球場前 Kyūjōmae GN28	安芸 Aki GN27	伊尾木 Ioki GN26	下山 Shimoyama GN25	唐浜 Tōnohama GN24	安田 Yasuda GN23	田野 Tano GN22	奈半利 Nahari GN21

©やなせたかし

 すなんきょうちゃん　にしぶんうさこちゃん　わじきカッパ君　あかのカモメちゃん　あなないけスピさん　球場ボール君　あきうたこちゃん　いおきトラ君　しちやまちどりちゃん　とうのはまへんろ君　やすだアユ君　田野いしん君　なはりこちゃん

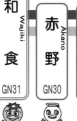

夏に開催される「ミスマーメイド」　まんまる顔の私は、月の名所・琴ヶ浜から眺めるお月さま　村の中を流れる和食川にキュウリが食べたい　海上を飛ぶカモメをイメージ。キレイな　料理にいっぱい使ってくらしの　野球大好き！安芸市営球場は阪神タイガースのキャンプ地　童謡をたくさん作った弘田龍太郎さんにちなんでいて　映画「男はつらいよ」この地でロケが予定　弘田龍太郎作曲の「浜千鳥」がモチーフ。大山岬には曲碑　四国八十八ヶ所を巡　健脚自慢のボクは帽子、ズボン、アユがモデル。カッコいいでしょ　安田川に棲んでいるアユがモデル。　幕末の動乱のなか二十三士が土佐勤王党で　ごめんえきお君とペアルック。駅員さんの格好が決

 須駅
・ベーター
・シー（国道沿い）
須駅からの主な施設～

・とオアシス手結
パーク・公園・遊具・海水浴
駅やす（夜須駅下すぐ）

な施設～
）
・広場）

 ● ～和食駅からの主な施設～
海水健康プール芸西（徒歩10分）
海洋深層水脱天塩（土佐ロイヤルホテル車5分）

 ● 安芸駅（営業時間 列車運転時間中）
みどりの窓口（JR各種切符取扱い）
駅レンタカー取扱い（要予約）
エレベーター
ちばさん市場（駅併設）
レンタサイクル（無料）
路線バス（安芸市内・馬路村・室戸方面）
タクシー
～安芸駅からの主な施設～
岩崎弥太郎生家（車5分）
野良時計（車5分）
土居廓中（武家屋敷 車5分）
書道美術館（車5分）
歴史民俗資料館（車5分）
内原野公園・陶芸館（車10分）

● 安田駅
エレベーター
レンタサイクル（無料）
路線バス（馬路村方面）

● 奈半利駅（営業時間 8:30～17:00）
エレベーター
路線バス（室戸方面）
村営バス（北川村方面）
タクシー
～奈半利駅からの主な施設～
みなとオアシス奈半利
（奈半利駅下車すぐ）
・地場産品市場
・レストラン
・サンゴウォッチング
・カツオのたたき体験
・観光釣りイカダ
モネの庭（村営バス・車10分）
中岡慎太郎館（村営バス・車15分）

 ～ヤ・シィパーク～

 ～野良時計～

 ～岩崎弥太郎生家～

 ～モネの庭～

 ～中岡慎太郎館（生家）～

131 とさでん
TOSADEN TRAFFIC CO., LTD.

社　名	とさでん交通株式会社	営業キロ	25.3キロ
営業範囲	高知県	路線数	4路線
営業開始	1904（明治37）年	駅　数	76駅

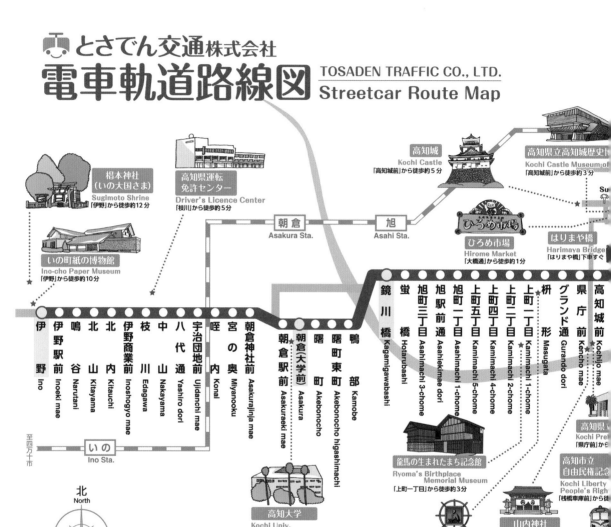

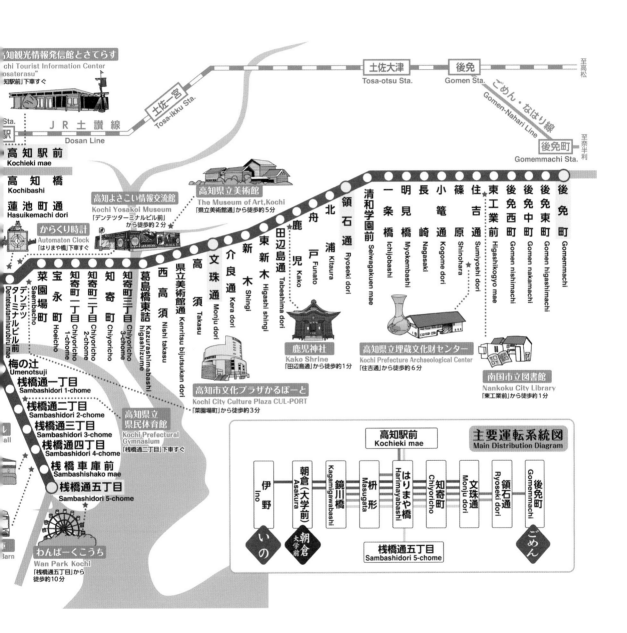

高知観光情報発信館とさてらす
Kochi Tourist Information Center
"tosaterasu"
「高知駅前」下車すぐ

Sta.
駅

JR土讃線
Dosan Line

土佐一宮
Tosa-Ikku Sta.

土佐大津
Tosa-otsu Sta.

後免
Gomen Sta.

ごめん・なはり線
Gomen-Nahari Line

至高松

至奈半利

後免町
Gomemmachi Sta.

高知駅前
Kochieki mae

高知橋
Kochibashi

蓮池町通
Hasuikemachi dori

からくり時計
Automaton Clock
「はりまや橋」下車すぐ

高知よさこい情報交流館
Kochi Yosakoi Museum
「デンテツターミナルビル前」
から徒歩約2分

高知県立美術館
The Museum of Art,Kochi
「県立美術館通」から徒歩約5分

清和学園前
Seiwagakuen mae

領石通
Ryoseki dori

北浦
Kitaura

舟戸
Funato

鹿児
Kako

田辺島通
Tabeshima dori

東新木
Higashi shingi

新木
Shingi

介良通
Kera dori

高須
Takasu

文珠通
Monju dori

県立美術館通
Kenritsu bijutsukan dori

西高須
Nishi takasu

葛島橋東詰
Kazurashimabashi higashizume

知寄町三丁目
Chiyoricho 3-chome

知寄町二丁目
Chiyoricho 2-chome

知寄町一丁目
Chiyoricho 1-chome

知寄町
Chiyoricho

菜園場町
Saembacho

宝永町
Hoeicho

デンテツ
ターミナルビル前
Dentetsutaminarubiru mae

一条橋
Ichijobashi

明見橋
Myokembashi

長崎
Nagasaki

小篭通
Kogome dori

篠原
Shinohara

住吉通
Sumiyoshi dori

東工業前
Higashikogyo mae

後免西町
Gomen nishimachi

後免中町
Gomen nakamachi

後免東町
Gomen higashimachi

後免町
Gomemmachi

梅の辻
Umenotsuji

桟橋通一丁目
Sambashidori 1-chome

桟橋通二丁目
Sambashidori 2-chome

桟橋通三丁目
Sambashidori 3-chome

桟橋通四丁目
Sambashidori 4-chome

桟橋車庫前
Sambashishako mae

桟橋通五丁目
Sambashidori 5-chome

高知県立
県民体育館
Kochi Prefectural
Gymnasium
「桟橋通二丁目」下車すぐ

高知市文化プラザかるぽーと
Kochi City Culture Plaza CUL-PORT
「菜園場町」から徒歩約3分

鹿児神社
Kako Shrine
「田辺島通」から徒歩約1分

高知県立埋蔵文化財センター
Kochi Prefecture Archaeological Center
「住吉通」から徒歩約6分

南国市立図書館
Nankoku City Library
「東工業前」から徒歩約1分

わんぱーくこうち
Wan Park Kochi
「桟橋通五丁目」から
徒歩約10分

Barn

主要運転系統図
Main Distribution Diagram

高知駅前
Kochieki mae

伊野
Ino

朝倉（大学前）
Asakura

鏡川橋
Kagamigawabashi

鏡川橋
Masugata

枡形
Masugata

はりまや橋
Harimayabashi

知寄町
Chiyoricho

文珠通
Monju dori

領石通
Ryoseki dori

後免町
Gomemmachi

いの

朝倉
大学前

ごめん

桟橋通五丁目
Sambashidori 5-chome

132 伊予鉄道
Iyo Railway Co., Ltd.

社 名	伊予鉄道株式会社	営業キロ	43.5キロ
営業範囲	愛媛県	路線数	8路線
営業開始	1888（明治21）年	駅 数	63駅

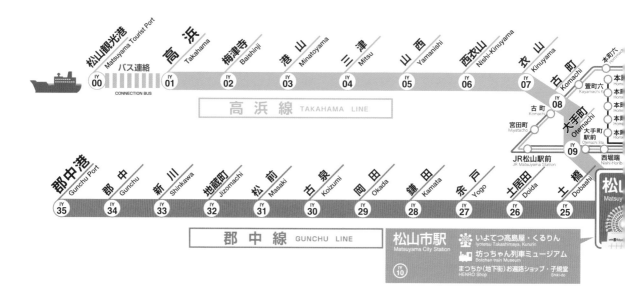

高浜線 TAKAHAMA LINE

松山観光港 Matsuyama Tourist Port（IY00）バス連絡 CONNECTION BUS
高浜 Takahama（IY01）
梅津寺 Baishinji（IY02）
港山 Minatoyama（IY03）
三津 Mitsu（IY04）
山西 Yamanishi（IY05）
西衣山 Nishi-Kinuyama（IY06）
衣山 Kinuyama（IY07）
古町 Komachi（IY08）
大手町 Otemachi（IY09）

古町 Komachi
宮田町 Miyatacho
JR松山駅前 JR Matsuyama Station
大手町駅前 Otemachi Sta.
西堀端 Nishi-Horib

萱町六丁目 Kayamachi-6
本町六 Homm
本町六 Homm
本町六 Homm
本町六 Homm

松山市駅 Matsuyama City Station（IY10）

郡中線 GUNCHU LINE

郡中港 Gunchu Port（IY35）
郡中 Gunchu（IY34）
新川 Shinkawa（IY33）
地蔵町 Jizomachi（IY32）
松前 Masaki（IY31）
古泉 Koizumi（IY30）
岡田 Okada（IY29）
鎌田 Kamata（IY28）
余戸 Yogo（IY27）
土居田 Doida（IY26）
土橋 Dobashi（IY25）

- いよてつ髙島屋・くるりん Iyotetsu Takashimaya, Kururin
- 坊っちゃん列車ミュージアム Botchan train Museum
- まちちか（地下街）お遍路ショップ・子規堂 HENRO Shop, Shiki-do

133 錦川鉄道
NISHIKIGAWA TETUDOU Co., Ltd.

社 名	錦川鉄道株式会社	営業キロ	32.7キロ
営業範囲	山口県	路線数	1路線
営業開始	1987（昭和62）年	駅 数	13駅

せせらぎ号　ひだまり号　こもれび号　きらめき号

沿線の魅力をイラストにして、各車両をラッピングしました。周辺の風景とともにカラフルな車両もお楽しみください。

錦川清流線 路線図
Nishikigawaseiryu Line Route Map

NT 錦川鉄道株式会社

とことこトレイン

錦町 Nishikicho
柳瀬 Yanaze
河山 Kawayama
根笠 Negasa
南桑 Nanguwa
椋野 Mukuno
北河内 Kitagouchi
行波 Yukaba
南河内 Minamigouchi
守内かさ神 Shuchi-kasagami
清流新岩国 Seiryu-Shin-Iwakuni
川西 Kawanishi
西岩国 Nishiiwakuni
岩国 Iwakuni

かじかの滝　清流の滝　新岩国　錦帯橋　山陽新幹線　岩国錦帯橋空港

- 美川ムーバレー 根笠駅から市営バス約7分
- シャクナゲの群生地 北河内駅から徒歩約30分（5月上旬）
- 二輪草の群生地 北河内駅から徒歩約5分（4月中旬）
- 錦帯橋 川西駅から徒歩約20分

伊予鉄道には郊外線と路面電車の市内線がある。郊外線は3路線、35駅、市内線は5路線、28電停となっている。

IYOTETSU

郊外線 Railway	
高 浜 線 TAKAHAMA LINE	
横河原線 YOKOGAWARA LINE	
郡 中 線 GUNCHU LINE	

市内線 Tram

1	松山市駅 Matsuyama City Station → JR松山駅前 JR Matsuyama Station → 松山市駅 Matsuyama City Station
2	松山市駅 Matsuyama City Station → 大街道 Okaido → 松山市駅 Matsuyama City Station
3	松山市駅 Matsuyama City Station ⇄ 大街道 Okaido ⇄ 道後温泉 Dogo Onsen
5	JR松山駅前 JR Matsuyama Station ⇄ 大街道 Okaido ⇄ 道後温泉 Dogo Onsen
6	松山市駅 Matsuyama City Station ← 本町六丁目 Hommachi 6

横河原線 YOKOGAWARA LINE

石手川公園 Ishitegawa Park	いよ立花 Iyo-Tachibana	福音寺 Fukuonji	北久米 Kita-Kume	久米 Kume	鷹ノ子 Takanoko	平井 Hirai	梅本 Umenomoto	牛渕団地前 Ushibuchi-Danchi	牛渕 Ushibuchi	田窪 Tanokubo	見奈良 Minara	愛大医学部南口 Ehime Univ. Hospital	横河原 Yokogawara
IY 11	IY 12	IY 13	IY 14	IY 15	IY 16	IY 17	IY 18	IY 19	IY 20	IY 21	IY 22	IY 23	IY 24

134 一畑電車
Ichibata Electric Railway Co., Ltd.

社　　名	一畑電車株式会社	営業キロ	42.2キロ
営業範囲	島根県	路線数	2路線
営業開始	1914（大正3）年	駅　数	26駅

■ 特急　　　　　　○ 終日有人駅
■ 急行　　　　　　○ 時間帯により一時有人駅
■ 出雲大社号　　　○ 無人駅
■ スーパーライナー　○ パーク＆ライド駐車場有り
■ 普通

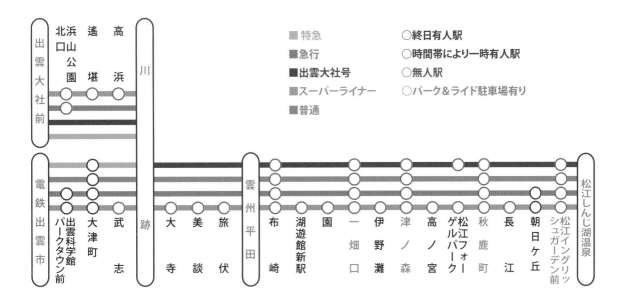

135 アストラムライン
Hiroshima Rapid Transit Co., Ltd.

社　　名	広島高速交通株式会社	営業キロ	18.4キロ
営業範囲	広島県	路線数	1路線
営業開始	1994(平成6)年	駅　　数	22駅

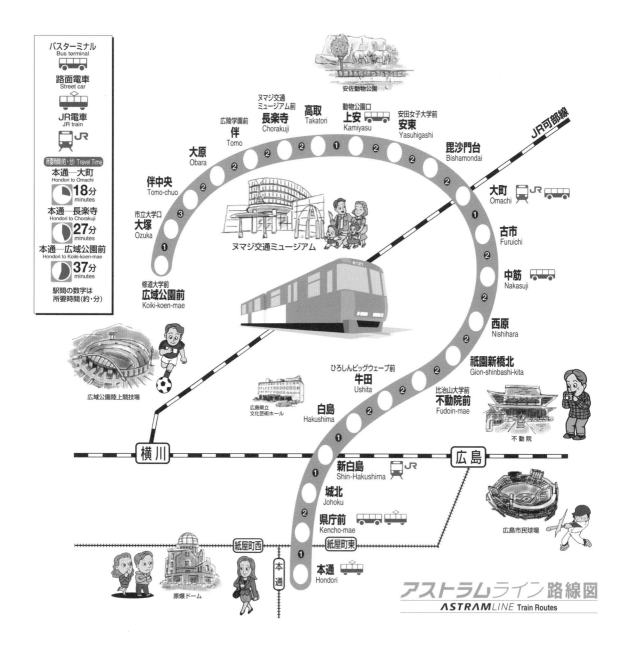

バスターミナル
Bus terminal

路面電車
Street car

JR電車
JR train

所要時間(約・分) Travel Time

本通—大町
Hondori to Omachi
18分 minutes

本通—長楽寺
Hondori to Chorakuji
27分 minutes

本通—広域公園前
Hondori to Koiki-koen-mae
37分 minutes

駅間の数字は
所要時間(約・分)

安佐動物公園

ヌマジ交通
ミュージアム前
長楽寺
Chorakuji

高取
Takatori

動物公園口
上安
Kamiyasu

安田女子大学前
安東
Yasuhigashi

広陵学園前
伴
Tomo

大原
Obara

伴中央
Tomo-chuo

毘沙門台
Bishamondai

JR可部線

市立大学口
大塚
Ozuka

大町
Omachi

古市
Furuichi

ヌマジ交通ミュージアム

中筋
Nakasuji

修道大学前
広域公園前
Koiki-koen-mae

西原
Nishihara

祇園新橋北
Gion-shinbashi-kita

広域公園陸上競技場

ひろしんビッグウェーブ前
牛田
Ushita

比治山大学前
不動院前
Fudoin-mae

広島県立
文化芸術ホール

白島
Hakushima

不動院

横川

広島

新白島
Shin-Hakushima

城北
Johoku

県庁前
Kencho-mae

広島市民球場

紙屋町西

紙屋町東

本通

本通
Hondori

原爆ドーム

アストラムライン 路線図
ASTRAMLINE Train Routes

九州・沖縄地方

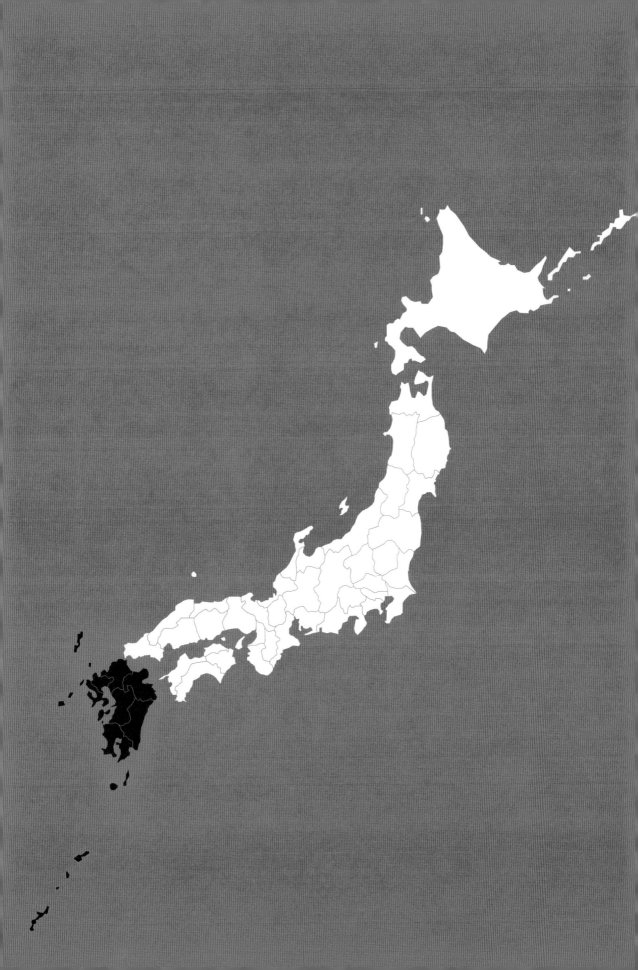

社　　名	九州旅客鉄道株式会社	営業キロ	2273.0キロ
営業範囲	九州地方	路線数	22路線
営業開始	1987（昭和62）年	駅　数	568駅

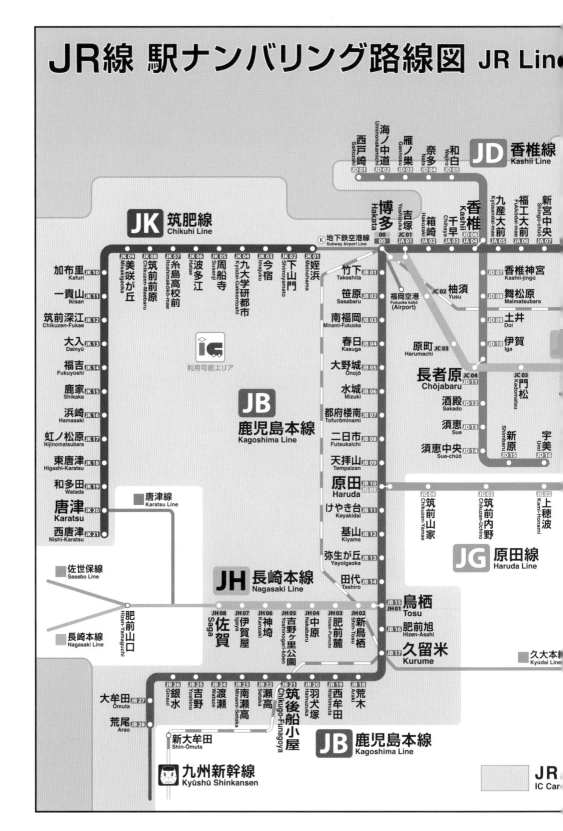

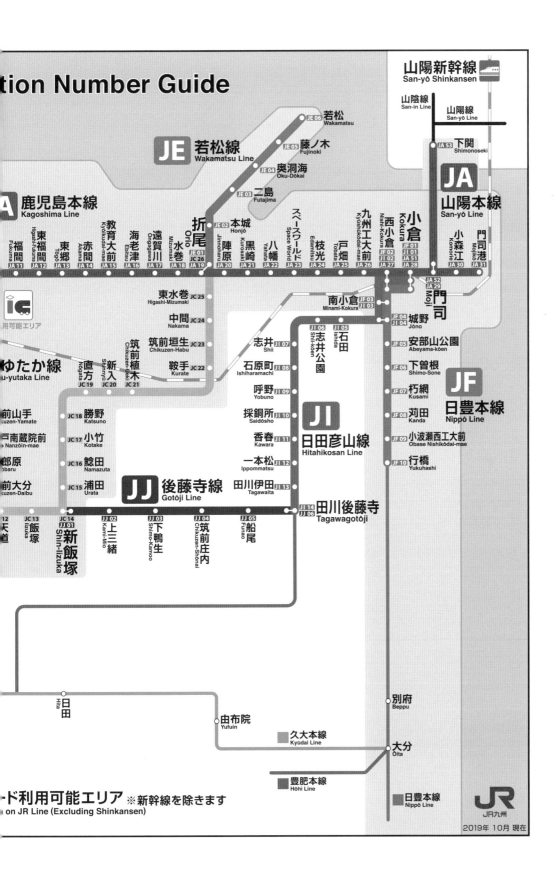

tion Number Guide

137 平成筑豊鉄道
HEISEI CHIKUHO RAILWAY

社　名	平成筑豊鉄道株式会社	営業キロ	49.2キロ
営業範囲	福岡県	路線数	3路線
営業開始	1989(平成元)年	駅　数	36駅

平成ちくほう鉄道 路線図

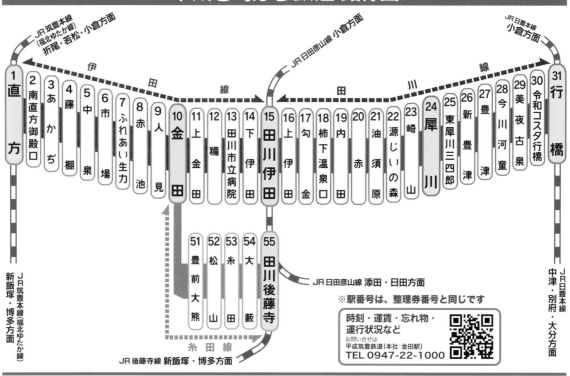

JR筑豊本線（福北ゆたか線）折尾・若松・小倉方面
JR日田彦山線 小倉方面
JR日豊本線 小倉方面

伊田線
田川線

1 直方　2 南直方御殿口　3 あかぢ　4 藤棚　5 中泉　6 市場　7 ふれあい生力　8 赤池　9 人見　10 金田　11 上金田　12 糒　13 田川市立病院　14 下伊田　15 田川伊田　16 上伊田　17 勾金　18 柿下温泉口　19 内田　20 赤　21 油須原　22 源じいの森　23 崎山　24 犀川　25 東犀川三四郎　26 新豊津　27 豊津　28 今川河童　29 美夜古泉　30 令和コスタ行橋　31 行橋

51 豊前大熊　52 松山　53 糸田　54 大藪　55 田川後藤寺

JR日田彦山線 添田・日田方面

新飯塚・博多方面 JR筑豊本線（福北ゆたか線）

糸田線 JR後藤寺線 新飯塚・博多方面

中津・別府・大分方面 JR日豊本線

※駅番号は、整理券番号と同じです

時刻・運賃・忘れ物・運行状況など
お問い合せは
平成筑豊鉄道(本社：金田駅)
TEL 0947-22-1000

---

138 北九州モノレール
Kitakyushu Urban Monorail Co., Ltd.

社　名	北九州高速鉄道株式会社	営業キロ	8.8キロ
営業範囲	福岡県	路線数	1路線
営業開始	1985(昭和60)年	駅　数	13駅

北九州モノレール路線図
Kitakyushu Monorail Route Map　기타큐슈 모노레일 노선도
北九州单轨电车路线图　北九州單軌電車路線圖

博多方面 For Hakata
門司方面 For Moji

JR小倉駅 JR Kokura Sta.

01 小倉 Kokura
02 平和通 Heiwa-dori
03 旦過 Tanga ichiba
04 香春口三萩野 Kawaraguchi Mihagino
05 片野 Katano
06 城野 Jono
07 北方 Kitagata
08 競馬場前 Keibajo-mae
09 守恒 Moritsune
10 徳力公団前 Tokuriki kodan-mae
11 徳力嵐山口 Tokuriki Arashiyamaguchi
12 志井 Shii
13 企救丘 Kikugaoka

139 筑豊電気鉄道
CHIKUHO ELECTRIC RAILROAD Co., Ltd.

社　　名	筑豊電気鉄道株式会社
営業範囲	福岡県
営業開始	1956(昭和31)年
営業キロ	16.0キロ
路線数	1路線
駅　　数	21駅

路　線　図

筑　豊　電　鉄

① 黒崎駅前 Kurosaki-Ekimae

② 西 黒 崎 Nishi-Kurosaki

③ 熊　　西 Kumanishi

④ 萩　　原 Hagiwara

⑤ 穴　　生 Anō

⑥ 森　　下 Morishita

⑦ 今　　池 Imaike

⑧ 永 犬 丸 Einomaru

⑨ 三 ヶ 森 Sangamori

⑩ 西　　山 Nishiyama

⑪ 通　　谷 Tōritani

⑫ 東 中 間 Higashi-Nakama

⑬ 筑豊中間 Chikuhō-Nakama

⑭ 希望が丘高校前 Kibōgaoka-Kōkōmae

⑮ 筑豊香月 Chikuhō-Katsuki

⑯ 楠　　橋 Kusubashi

⑰ 新木屋瀬 Shin-Koyanose

⑱ 木 屋 瀬 Koyanose

⑲ 遠 賀 野 Ongano

⑳ 感　　田 Ganda

㉑ 筑豊直方 Chikuhō-Nōgata

140 福岡市地下鉄

Fukuoka City Subway

社　　名	福岡市交通局	営業キロ	29.8キロ
営業範囲	福岡県	路線数	3路線
営業開始	1981（昭和56）年	駅　　数	35駅

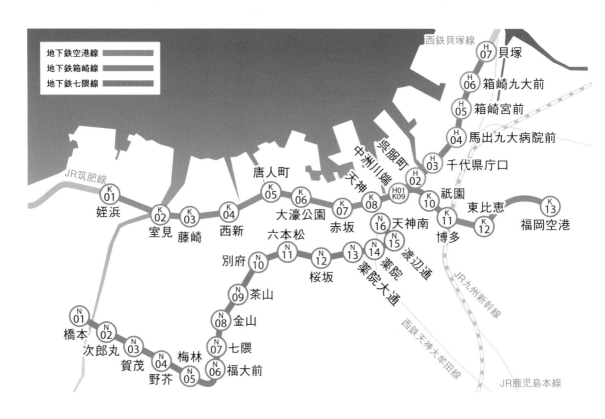

地下鉄空港線
地下鉄箱崎線
地下鉄七隈線

西鉄貝塚線
H 07 貝塚
H 06 箱崎九大前
H 05 箱崎宮前
H 04 馬出九大病院前
H 03 千代県庁口
呉服町
中洲川端
天神
H 02
H01 K09
K 10 祇園
K 11 博多
K 12
K 13 福岡空港
東比恵
JR筑肥線
K 01 姪浜
K 02 室見
K 03 藤崎
K 04 西新
K 05 唐人町
K 06 大濠公園
K 07 赤坂
K 08 天神
N 16 天神南
N 15 渡辺通
N 14 薬院
N 13 薬院大通
N 12 桜坂
N 11 六本松
N 10 別府
N 09 茶山
N 08 金山
N 07 七隈
N 06 福大前
N 05 野芥
N 04 梅林
N 03 賀茂
N 02 次郎丸
N 01 橋本
JR九州新幹線
西鉄天神大牟田線
JR鹿児島本線

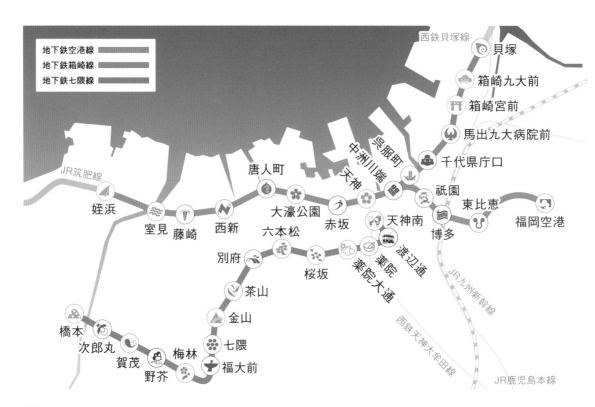

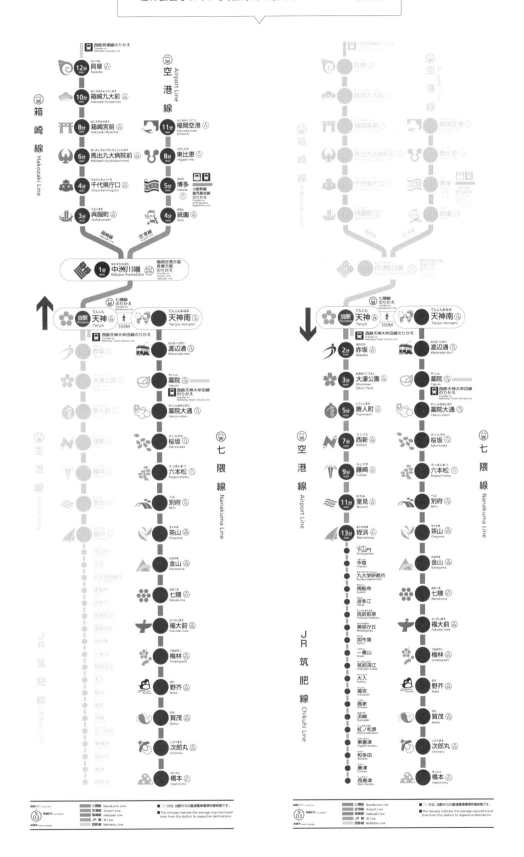

下の停車駅案内図は、空港線と箱崎線の各駅ホーム階の柱に設置されている（相対式の駅ではコンコースに設置）。

141 松浦鉄道
Matsuura Railway Co., Ltd.

社　　名	松浦鉄道株式会社	営業キロ	93.8キロ
営業範囲	長崎県・佐賀県	路 線 数	1路線
営業開始	1988（昭和63）年	駅　　数	57駅

	440	530	550	550	550	680	730	750	890	890	1,010	1,010	1,120	1,230	1,34
	相浦	棚方	真申	小浦	佐々	清峰高校前	神田	吉井	潜竜ケ滝	いのつき	高岩	江迎鹿町	すえたちばな	西田平	たびら平戸口

390	大　　学
390	上相浦
360	本　　山
360	中　　里
310	皆　　瀬
280	野　　中
230	左　　石
230	泉福寺
200	山の田
170	北佐世保
170	中佐世保
170	佐世保中央
	佐世保

松浦鉄道 乗車

小児運〔

（10円未満のは

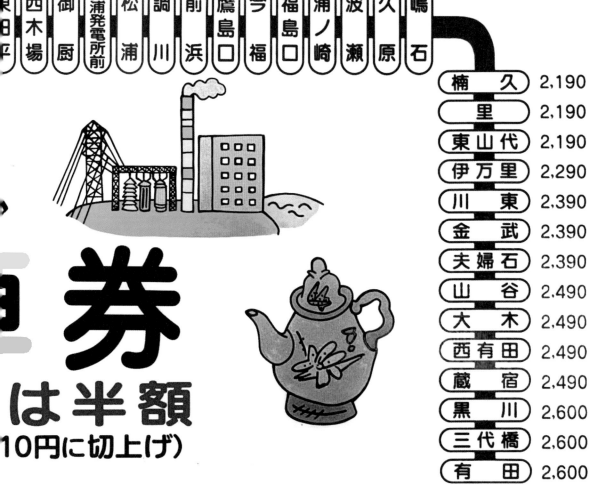

60	1,460	1,570	1,670	1,780	1,780	1,780	1,880	1,980	1,980	1,980	2,080	2,080	2,080
東日平	西木場	御厨	松浦発電所前	松浦	調川	前浜	鷹島口	今福	福島口	浦ノ崎	波瀬	久原	鳴石

楠 久	2,190
里	2,190
東 山 代	2,190
伊 万 里	2,290
川 東	2,390
金 武	2,390
夫 婦 石	2,390
山 谷	2,490
大 木	2,490
西 有 田	2,490
蔵 宿	2,490
黒 川	2,600
三 代 橋	2,600
有 田	2,600

券

は半額

10円に切上げ)

佐世保駅にて撮影。

STREETCAR MAP
電車路線案内図

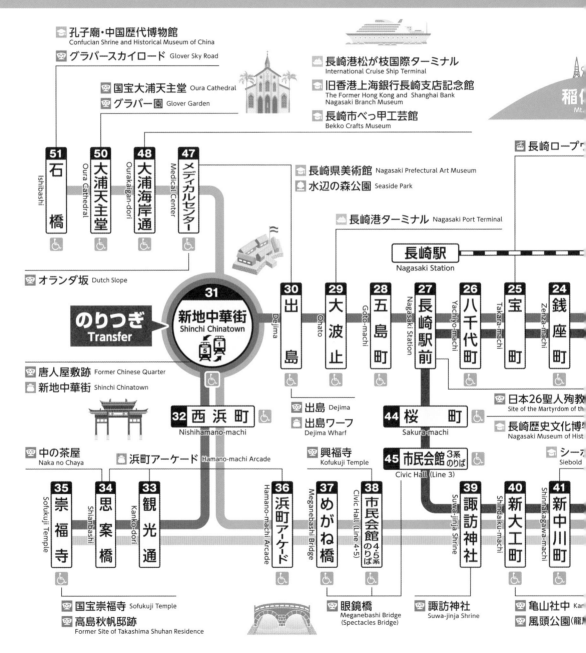

人に、地球に、やさしい電車　Nagasaki Electric Tramway Co.Ltd

長崎電気軌道株式会社

〒852-8134長崎市大橋町4-5 TEL.095-845-4113

🚋 **長崎路面電車資料館**
Nagasaki Electric Tramway Museum

🏛 **長崎西洋館**
Nagasaki Seiyokan

🏉 **ラグビー・サッカー場**
Rugby/Soccer Field

🏃 **陸上競技場**
Track and Field Stadium

🏛 **長崎市科学館** Nagasaki City Science Museum

📷 **如己堂**(永井隆記念館) Nyokodo (Nagai Takashi Memorial Museum)

🏃 **県立総合体育館** Prefectural Gymnasium

⚾ **長崎県営野球場**(ビッグN) Prefectural Baseball Stadium

♿ **車椅子で乗降が可能な電停です。**

r Mt.Inasa

リックホール
rick Hall

国際墓地
to International Cemetery

上駅 | 西浦上駅
ni Station | Nishiurakami Station

営業所

22	21	20	19	18	17	16	15	14	13	13A	12	11
浦上駅前	大学病院	原爆資料館	平和公園	大橋	浦上車庫	岩屋橋	長崎大学	若葉町	千歳町	昭和町通	住吉	赤迫
上駅前 University Hospital	Atomic Bomb Museum	Peace Park	Ohashi	Urakami Tram Depot	Iwayabashi	Nagasaki University	Wakaba-machi	Chitose-machi	Showamachi-dori	Sumiyoshi	Akasako

↑ **赤迫行のみ停車**

🏛 **原爆資料館**
Nagasaki Atomic Bomb Museum

🏛 **長崎市歴史民俗資料館**
Nagasaki City Museum of History and Folklore

🏛 **国立長崎原爆死没者追悼平和祈念館**
Nagasaki National Peace Memorial Hall for the Atomic Bomb Victims

📷 **原爆落下中心地**
Atomic Bomb Hypocenter

📷 **浦上天主堂**
Urakami Cathedral

🏛 **平和公園**
Peace Park

📷 **山王神社二の鳥居**
(一本柱鳥居)
Sanno-jinja Shrine
Second Torii Gate
(One-Legged Torii Gate)

※停留場にある数字は停留場番号です。

ark

系統 LINE	色別 COLOR	区間[経由] TERMINUS [VIA] TERMINUS	キロ程 km Limit	所要時間 TIME NEEDED
1		崇福寺 [大波止] 赤迫 Sofukuji Temple　　Akasako	7.3km	**35分** 35 MINUTES
3		蛍茶屋 [桜町] 赤迫 Hotarujaya　　Akasako	7.4km	**33分** 33 MINUTES
4		崇福寺 [浜町アーケード] 蛍茶屋 Sofukuji Temple　　Hotarujaya	2.9km	**16分** 16 MINUTES
5		石橋 [西浜町] 蛍茶屋 Ishibashi　　Hotarujaya	3.5km	**23分** 23 MINUTES

143 甘木鉄道
AMAGI TETSUDOU.

社　　名	甘木鉄道株式会社	営業キロ	13.7キロ
営業範囲	福岡県	路線数	1路線
営業開始	1986(昭和61)年	駅　数	11駅

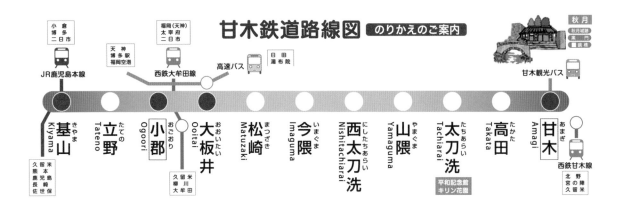

甘木鉄道路線図 **のりかえのご案内**

JR鹿児島本線 / 西鉄大牟田線 / 高速バス / 甘木観光バス

小倉 博多 二日市 / 天神 博多駅 福岡空港 / 福岡(天神) 太宰府 二日市 / 日田 湯布院 / 秋月 秋月城跡 南門 眼鏡橋

基山 Kiyama / 立野 Tateno / 小郡 Ogoori / 大板井 Ooitai / 松崎 Matuzaki / 今隈 Imaguma / 西太刀洗 Nishitachiarai / 山隈 Yamaguma / 太刀洗 Tachiarai / 高田 Takata / 甘木 Amagi

久留米 熊本 鹿児島 長崎 佐世保

久留米 柳川 大牟田

平和記念館 キリン花園

西鉄甘木線 / 北野 宮の陣 久留米

---

144 島原鉄道
Shimabara Railroad Co., Ltd.

社　　名	島原鉄道株式会社	営業キロ	43.2キロ
営業範囲	長崎県	路線数	1路線
営業開始	1911(明治44)年	駅　数	24駅

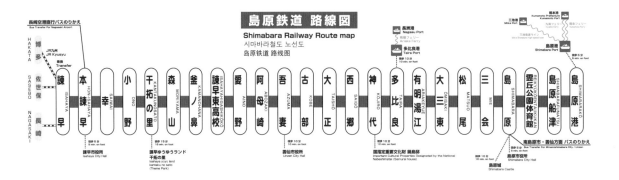

島原鉄道 路線図
Shimabara Railway Route map
시마바라철도 노선도
岛原铁道 路线图

長崎空港直行バスのりかえ
Bus Transfer For Nagasaki Airport

JR九州
JR Kyusyu
Transfer

博多 HAKATA / 佐世保 SASEBO / 長崎 NAGASAKI

諫早 ISAHAYA / 本諫早 HON-ISAHAYA / 幸 SAIWAI / 小野 ONO / 干拓の里 KANTAKUNOSATO / 森山 MORIYAMA / 釜ノ鼻 KAMANOHANA / 諫早東高校 ISAHAYAHIGASHIKOKO / 愛野 AINO / 阿母崎 ABOZAKI / 吾妻 AZUMA / 古部 KOBE / 大正 TAISHO / 西郷 SAIGO / 神代 KOJIRO / 多比良 TAIRA / 有明湯江 ARIAKEYUE / 大三東 OMISAKI / 松尾 MATSUO / 三会 MIE / 島原 SHIMABARA / 霊丘公園体育館 REIKYUKOEN TAIIKUKAN / 島原船津 SHIMABARAFUNATSU / 島原港 SHIMABARAKO

徒歩5分 諫早市役所 Isahaya City Hall

徒歩15分 諫早ゆうゆうランド 干拓の里 Isahaya yuyu land kantaku no sato (Theme Park)

徒歩10分 雲仙市役所 Unzen City Hall

徒歩10分 国指定重要文化財 鍋島邸 Important Cultural Properties Designated by the National Nabeshimatei (Samurai house)

徒歩10分 島原市役所 Shimabara City Hall

徒歩10分 島原城 Shimabara Castle

南島原市・雲仙方面 バスのりかえ Bus Transfer For Minamishimabara City / Unzen

長洲港 Nagasu Port / 有明フェリー Ariake Ferry

多比良港 Taira Port 徒歩10分 10 min. on foot

三池港 Miike Port / 九商フェリー Kyusho Ferry

熊本港 Kumamoto Prefecture Kumamoto Port / 熊本 Kumamoto

島原港 Shimabara Port 徒歩5分 8 min. on foot

三池港高速船ライン 三池港 Shimabara high-speed vessel line

島原港 Shimabara Port 徒歩5分 8 min. on foot

145 熊本電気鉄道
Kumamoto Electric Railway Co., ltd.

社　名	熊本電気鉄道株式会社	営業キロ	13.1キロ
営業範囲	熊本県	路線数	2路線
営業開始	1911（明治44）年	駅　数	18駅

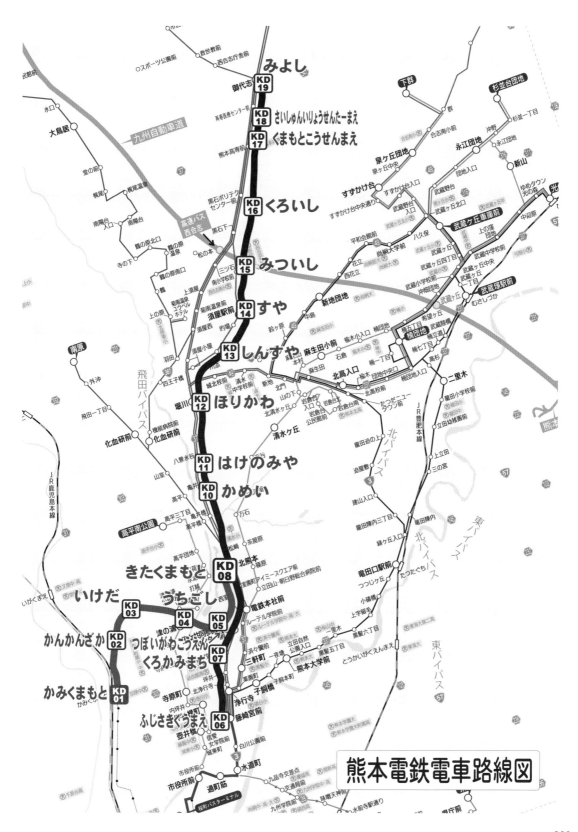

熊本電鉄電車路線図

熊本市電
Kumamoto City Transportation Bureau

社　名	熊本市交通局	営業キロ	12.09キロ
営業範囲	熊本県	路線数	2路線
営業開始	1924（大正13）年	駅数	35駅

熊本市電路線図 Kumamoto City Tram Ro

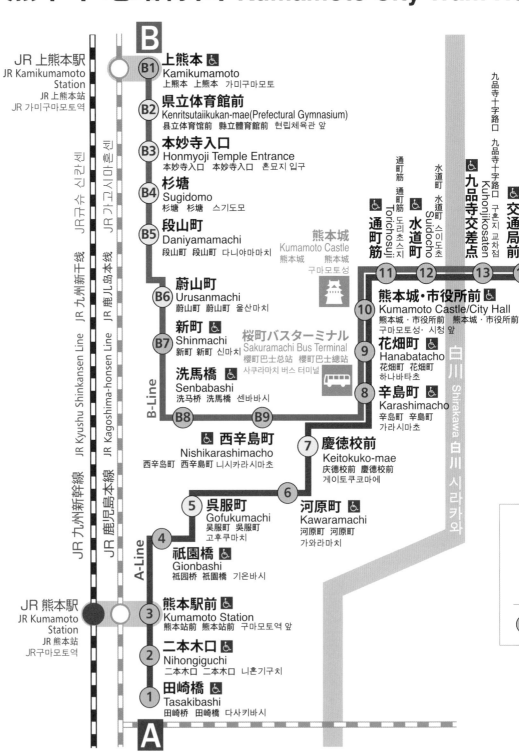

B

JR 上熊本駅
JR Kamikumamoto
Station
JR 上熊本站
JR 가미쿠마모토역

JR九州新幹線 JR Kyushu Shinkansen Line

JR鹿児島本線 JR Kagoshima-honsen Line

B1 上熊本 ♿
Kamikumamoto
上熊本　上熊本　가미쿠마모토

B2 県立体育館前
Kenritsutaiikukan-mae(Prefectural Gymnasium)
县立体育馆前　縣立體育館前　현립체육관 앞

B3 本妙寺入口
Honmyoji Temple Entrance
本妙寺入口　本妙寺入口　혼묘지 입구

B4 杉塘
Sugidomo
杉塘　杉塘　스기도모

B5 段山町
Daniyamamachi
段山町　段山町　다니야마마치

B6 蔚山町
Urusanmachi
蔚山町　蔚山町　울산마치

B7 新町 ♿
Shinmachi
新町　新町　신마치

B8 洗馬橋 ♿
Senbabashi
洗马桥　洗馬橋　센바바시

B-Line

熊本城
Kumamoto Castle
熊本城
구마모토성

桜町バスターミナル
Sakuramachi Bus Terminal
櫻町巴士总站　櫻町巴士總站
사쿠라마치 버스 터미널

B9

♿ 西辛島町
Nishikarashimacho
西辛島町　西辛島町　니시카라시마초

11 通町筋
Torichosuji
通町筋　通町筋　도리초스지

12 水道町 ♿
Suidocho
水道町　水道町　스이도초

13 九品寺交差点
Kuhonjikosaten
九品寺十字路口　九品寺十字路口　구혼지 교차점

交通局前

10 熊本城・市役所前 ♿
Kumamoto Castle/City Hall
熊本城・市役所前　熊本城・市役所前
구마모토성・시청 앞

9 花畑町
Hanabatacho
花畑町　花畑町　하나바타초

8 辛島町
Karashimacho
辛島町　辛島町　가라시마초

7 慶徳校前
Keitokuko-mae
庆德校前　慶德校前　게이토쿠코마에

6

5 呉服町
Gofukumachi
吴服町　吳服町　고후쿠마치

河原町
Kawaramachi
河原町　河原町　가와라마치

4

白川 Shirakawa 白川 시라카와

A-Line

祇園橋 ♿
Gionbashi
祇園橋　祇園橋　기온바시

JR 熊本駅
JR Kumamoto
Station
JR 熊本站
JR구마모토역

3 熊本駅前 ♿
Kumamoto Station
熊本站前　熊本駅前　구마모토역 앞

2 二本木口 ♿
Nihongiguchi
二本木口　二本木口　니혼기구치

1 田崎橋 ♿
Tasakibashi
田崎橋　田崎橋　다사키바시

A

Map

Kumamoto City Tram

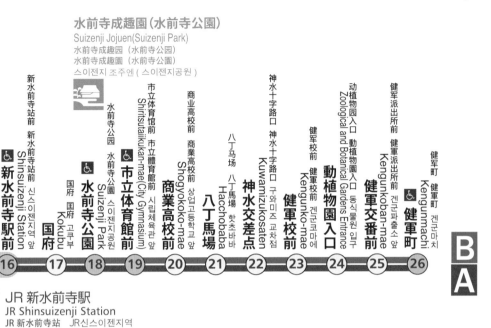

水前寺成趣園（水前寺公園）
Suizenji Jojuen(Suizenji Park)
水前寺成趣园（水前寺公园）
水前寺成趣園（水前寺公園）
스이젠지 조주엔 (스이젠지공원)

| 16 | 17 | 18 | 19 | 20 | 21 | 22 | 23 | 24 | 25 | 26 |

新水前寺駅前
Shinsuizenji Station
新水前寺站前 新水前寺站前 신스이젠지역 앞

国府
Kokubu
国府 国府 고쿠부

水前寺公園
Suizenji Park
水前寺公园 水前寺公園 스이젠지공원

市立体育館前
Shiritsutaiikukan-mae(City Gymnasium)
市立体育館前 市立體育館前 시립체육관 앞

商業高校前
Shogyokoko-mae
商业高校前 商業高校前 상업고등학교 앞

八丁馬場
Hacchobaba
八丁马场 八丁馬場 핫초바바

神水交差点
Kuwamizukosaten
神水十字路口 神水十字路口 구와미즈 교차점

健軍校前
Kengunko-mae
健军校前 健軍校前 겐군코마에

動植物園入口
Zoological and Botanical Gardens Entrance
动植物园入口 動植物園入口 동식물원 입구

健軍交番前
Kengunkoban-mae
健军派出所前 健軍派出所前 겐군파출소 앞

健軍町
Kengunmachi
健军町 健軍町 겐군마치

B
A

JR 新水前寺駅
JR Shinsuizenji Station
JR 新水前寺站　JR신스이젠지역

A 系統
A-Line

B 系統
B-Line

車いす利用可
Wheelchair Accessible

運賃 (均一運賃)
Fare (Flat Fare)

| 大人 Adult | ¥ **170** |
| 小児 Child | ¥ **90** |

運賃は後払いです。
Please pay when you get off.

お問い合わせ先　**Inquiries**

熊本市交通局運行管理課　TEL. 096-361-5244
Kumamoto City Transportation Bureau Operation Management Section

社　名	肥薩おれんじ鉄道株式会社	営業キロ	116.9キロ
営業範囲	熊本県・鹿児島県	路線数	1路線
営業開始	2004（平成16）年	駅数	28駅

147 肥薩おれんじ鉄道

Hisatsu Orange Railway Co., Ltd.

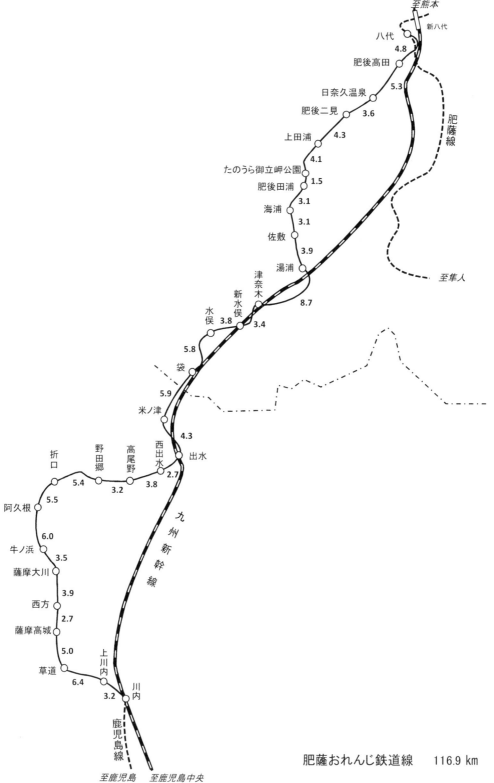

肥薩おれんじ鉄道線　　116.9 km

148 鹿児島市電
Kagoshima City Transportation Bureau

社　名	鹿児島市交通局	営業キロ	13.1キロ
営業範囲	鹿児島県	路線数	2路線
営業開始	1912(大正元)年	駅　数	35駅

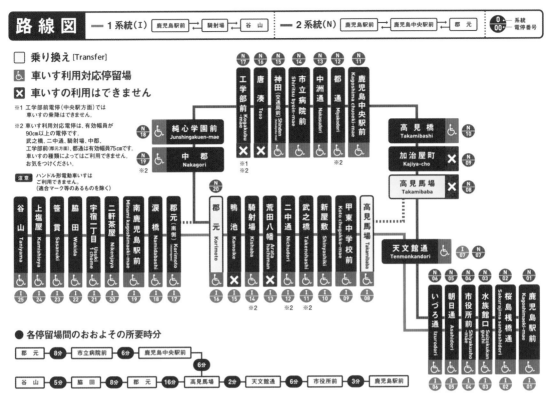

※「鹿児島駅前」停留場は、建替工事のため2020(令和2)年2月から2021(令和3)年2月まで使用休止。

149 ゆいレール
Okinawa Urban Monorail, Inc.

社　名	沖縄都市モノレール株式会社	営業キロ	17.0キロ
営業範囲	沖縄県	路線数	1路線
営業開始	2003(平成15)年	駅　数	19駅

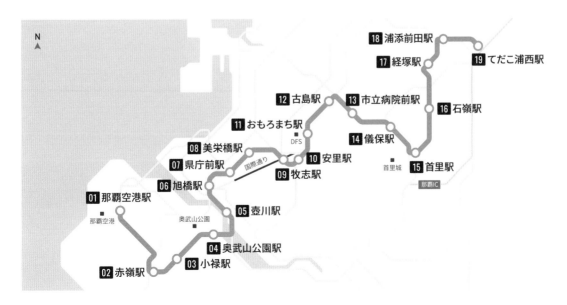

新幹線の路線図は存在する?

他社線とつながっている路線図は少ない

　本書では、鉄道事業者が公式のものとして作成している路線案内図、停車駅案内図、運賃案内表、沿線マップなどをまとめて「路線図」とし、利用者がふだんよく目にするであろうものを中心に集めました。

　それらの路線図は通常、各鉄道会社が運営する路線のみを

図案化したものが多く、他社線まで含めて描いたものはあまりありません。もちろん、関係のない他社線までわざわざ路線図に描く必要はないわけですが、乗り入れなどでつながっている場合は、必要に応じて他社線まで含めた路線図を用意している鉄道会社もあります。

全国の新幹線すべてをつなげた路線図

ところで、北海道から鹿児島県まで日本を縦断している新幹線ですが、この新幹線の路線をすべて描いた路線図はあるのでしょうか。

新幹線は、JR各社（北海道、東日本、東海、西日本、九州）が運行しているため、自社の路線か一部地域の新幹線の路線を描いた路線図はあっても、全国の新幹線がすべて描きこまれた路線図は、公式では一部例外をのぞいて存在しません。

しかし、北海道から九州までつながっている新幹線を、乗り継いで移動するようなケースもないわけではありません。全国の新幹線の路線がすべて書き込まれた路線図があれば、便利なこともあるでしょう。そんな新幹線全線路線図を自主的に作成しているひとはたくさんいます。

なかでも、ひまわりデザイン研究所が作成する新幹線全線路線図は、新幹線のルートだけではなく、種別と運行範囲や停車駅までわかる、すぐれた路線図となっています。ここに掲載した「新幹線全線路線図」がそれです。

路線図は在野の方の尽力とともに発展

ひまわりデザイン研究所は、ほかにも47都道府県ごとにその県を走る鉄道路線をすべて網羅するといった、いままであるようでなかった路線図を精力的に作成し、公開しています。

鉄道会社から要請されたわけでもなく、オリジナルの路線図を自らデザインし、公開している人たちはたくさん存在していて、また、過去にもそういった人たちはいました。

世界初のダイアグラム式鉄道路線図であるロンドン地下鉄路線図は、もともとは電気技師であったハリー・ベック氏が1931年に自主的に制作したものが後に公式で採用され、広まったものでした。

また、かつて営団地下鉄（現・東京メトロ）で使われていた地下鉄路線図も、あるひとりの大学生が、自らデザインしたものを営団地下鉄に持ち込み、採用されたものです。その大学生とは、後に「いいちこ」などの広告デザインを手掛けることになるアートディレクターの河北秀也氏でした。

このように、路線図デザインの歴史は常に、わかりやすい路線図を自らデザインしたいという人たちの情熱によって、作られてきた面があるのです。

鉄道路線図については、実用の面から「見づらい」「わかりにくい」という評価をされることがままあります。とくに大都市の路線図は、路線が複雑に入り組んでいるため、簡素に描きあらわしたとしても、むずかしさはどうしてものこります。

しかし、そういったわかりづらさを解決するような画期的な路線図が、在野の路線図デザイナーのつくる路線図の中から、今後生まれるかもしれません。

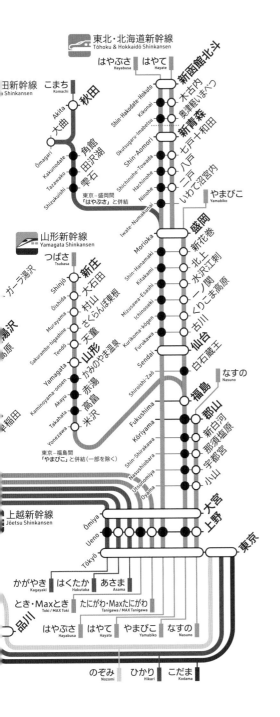

ひまわりデザイン研究所

神奈川県茅ヶ崎市を拠点にするデザイン事務所。47都道府県別にオリジナルの路線図を制作し、Webサイト「47RAIL.JP」にて発表している。

https://47rail.jp

全国鉄道データリスト

本書で路線図を掲載している鉄道会社は148社（149路線）です。全国に鉄道事業者・軌道事業者は190以上あるとされており、本書に掲載した以外にも鉄道会社は存在します。ここでは、鋼索線（ケーブル）を含めた、それら鉄道会社の詳細情報を一覧化して紹介しました。なお、索道（ロープウェイ）は除いています。ご了承ください。

通称（路線名）	社名	営業範囲	営業開始	営業キロ	路線数	駅数	本書掲載ページ
JR北海道	北海道旅客鉄道株式会社	北海道	1987（昭和62）年	2535.9キロ	14路線	408駅	P010
札幌市営地下鉄	札幌市交通局	北海道	1971（昭和46）年	48.0キロ	3路線	49駅	P012
札幌市電	札幌市交通局	北海道	1918（大正 7）年	8.9キロ	1路線	24駅	P013
函館市電	函館市企業局交通部	北海道	1913（大正 2）年	10.9キロ	2路線	26駅	P014
道南いさりび鉄道	道南いさりび鉄道株式会社	北海道	2016（平成28）年	37.8キロ	1路線	12駅	P016
青函トンネル竜飛斜坑線	一般財団法人 青函トンネル記念館	青森県	1988（昭和63）年	0.8キロ	1路線	2駅	──
青い森鉄道	青い森鉄道株式会社	青森県	2002（平成14）年	121.9キロ	1路線	27駅	P018
津軽鉄道	津軽鉄道株式会社	青森県	1930（昭和 5）年	20.7キロ	1路線	12駅	P020
弘南鉄道	弘南鉄道株式会社	青森県	1927（昭和 2）年	30.7キロ	2路線	27駅	P020
IGRいわて銀河鉄道	IGRいわて銀河鉄道株式会社	岩手県	2002（平成14）年	82.0キロ	1路線	17駅	P018
三陸鉄道	三陸鉄道株式会社	岩手県	1984（昭和59）年	163.0キロ	1路線	40駅	P021
秋田内陸縦貫鉄道	秋田内陸縦貫鉄道株式会社	秋田県	1986（昭和61）年	94.2キロ	1路線	29駅	P022
由利高原鉄道	由利高原鉄道株式会社	秋田県	1985（昭和60）年	23.0キロ	1路線	12駅	P023
山形鉄道	山形鉄道株式会社	山形県	1988（昭和63）年	30.5キロ	1路線	17駅	P023
仙台市地下鉄	仙台市交通局	宮城県	1987（昭和62）年	28.67キロ	2路線	29駅	P024
仙台空港鉄道	仙台空港鉄道株式会社	宮城県	2007（平成19）年	17.5キロ	1路線	8駅	P026
阿武隈急行	阿武隈急行株式会社	宮城県・福島県	1986（昭和61）年	54.9キロ	1路線	24駅	P026
福島交通	福島交通株式会社	福島県	1924（大正13）年	9.2キロ	1路線	12駅	P028
会津鉄道	会津鉄道株式会社	福島県	1987（昭和62）年	57.4キロ	1路線	21駅	P027
JR東日本	東日本旅客鉄道株式会社	関東・東北・信越地方	1987（昭和62）年	7401.7キロ	69路線	1655駅	P032
野岩鉄道	野岩鉄道株式会社	福島県・栃木県	1986（昭和61）年	30.7キロ	1路線	9駅	P034
真岡鐵道	真岡鐵道株式会社	栃木県・茨城県	1988（昭和63）年	41.9キロ	1路線	17駅	P038
ひたちなか海浜鉄道	ひたちなか海浜鉄道株式会社	茨城県	1913（大正 2）年	14.3キロ	1路線	10駅	P035
鹿島臨海鉄道	鹿島臨海鉄道株式会社	茨城県	1985（昭和60）年	53.0キロ	1路線	13駅	P036
関東鉄道	関東鉄道株式会社	茨城県	1922（大正11）年	55.6キロ	2路線	28駅	P034
筑波山ケーブルカー	筑波観光鉄道株式会社	茨城県	1925（大正14）年	1.6キロ	1路線	2駅	──
わたらせ渓谷鐵道	わたらせ渓谷鐵道株式会社	群馬県・栃木県	1911（明治44）年	44.1キロ	1路線	17駅	P039
上毛電気鉄道	上毛電気鉄道株式会社	群馬県	1928（昭和 3）年	25.4キロ	1路線	23駅	──
上信電鉄	上信電鉄株式会社	群馬県	1897（明治30）年	33.7キロ	1路線	21駅	P039
秩父鉄道	秩父鉄道株式会社	埼玉県	1901（明治34）年	71.7キロ	1路線	37駅	P040
つくばエクスプレス	首都圏新都市鉄道株式会社	東京都・埼玉県・千葉県・茨城県	2005（平成17）年	58.3キロ	1路線	20駅	P041
東武鉄道	東武鉄道株式会社	関東地方	1899（明治32）年	463.3キロ	12路線	206駅	P042
西武鉄道	西武鉄道株式会社	東京都・埼玉県	1915（大正 4）年	176.6キロ	12路線	92駅	P044
埼玉新都市交通	埼玉新都市交通株式会社	埼玉県	1983（昭和58）年	12.7キロ	1路線	13駅	P046
埼玉高速鉄道	埼玉高速鉄道株式会社	埼玉県	2001（平成13）年	14.6キロ	1路線	8駅	P048
流鉄	流鉄株式会社	千葉県	1916（大正 5）年	5.7キロ	1路線	6駅	P046
京成電鉄	京成電鉄株式会社	東京都・千葉県	1912（大正元）年	152.3キロ	7路線	69駅	P050
北総鉄道	北総鉄道株式会社	東京都・千葉県	1979（昭和54）年	32.3キロ	2路線	15駅	P050
芝山鉄道	芝山鉄道株式会社	千葉県	2002（平成14）年	2.2キロ	1路線	2駅	P050
新京成電鉄	新京成電鉄株式会社	千葉県	1947（昭和22）年	26.5キロ	1路線	24駅	P052
東葉高速鉄道	東葉高速鉄道株式会社	千葉県	1996（平成 8）年	16.2キロ	1路線	9駅	P047
山万	山万株式会社	千葉県	1982（昭和57）年	4.1キロ	1路線	6駅	P047
千葉都市モノレール	千葉都市モノレール株式会社	千葉県	1988（昭和63）年	15.2キロ	2路線	18駅	P054
いすみ鉄道	いすみ鉄道株式会社	千葉県	1988（昭和63）年	26.8キロ	1路線	14駅	P055
小湊鐵道	小湊鐵道株式会社	千葉県	1925（大正14）年	39.1キロ	1路線	18駅	──
銚子電気鉄道	銚子電気鉄道株式会社	千葉県	1923（大正12）年	6.4キロ	1路線	9駅	P055
ディズニーリゾートライン	株式会社舞浜リゾートライン	千葉県	2001（平成13）年	5.0キロ	1路線	4駅	──

通称(路線名)	社名	営業範囲	営業開始	営業キロ	路線数	駅数	本書掲載ページ
東京メトロ	東京地下鉄株式会社	東京都・千葉県・埼玉県	1927(昭和 2)年	195.1キロ	9路線	179駅	P056
都営地下鉄	東京都交通局	東京都・千葉県	1960(昭和35)年	109.0キロ	4路線	106駅	P058
東京さくらトラム(都電荒川線)	東京都交通局	東京都	1911(明治44)年	12.2キロ	1路線	30駅	P058
日暮里・舎人ライナー	東京都交通局	東京都	2008(平成20)年	9.7キロ	1路線	13駅	P058
ゆりかもめ	株式会社ゆりかもめ	東京都	1995(平成 7)年	14.7キロ	1路線	16駅	P060
東京臨海高速鉄道	東京臨海高速鉄道株式会社	東京都	1996(平成 8)年	12.2キロ	1路線	8駅	P061
東京モノレール	東京モノレール株式会社	東京都	1964(昭和39)年	17.8キロ	1路線	11駅	——
多摩都市モノレール	多摩都市モノレール株式会社	東京都	1998(平成10)年	16.0キロ	1路線	19駅	P060
高尾山ケーブルカー	高尾登山電鉄株式会社	東京都	1927(昭和 2)年	1.0キロ	1路線	2駅	——
御岳山ケーブルカー	御岳登山鉄道株式会社	東京都	1935(昭和10)年	1.1キロ	1路線	2駅	——
京王電鉄	京王電鉄株式会社	東京都・神奈川県	1913(大正 2)年	84.7キロ	6路線	69駅	P062
小田急電鉄	小田急電鉄株式会社	東京都・神奈川県	1927(昭和 2)年	120.5キロ	3路線	70駅	P064
東急電鉄	東急電鉄株式会社	東京都・神奈川県	1923(大正12)年	104.9キロ	8路線	97駅	P066
京急電鉄	京浜急行電鉄株式会社	東京都・神奈川県	1899(明治32)年	87.0キロ	5路線	72駅	P074
横浜高速鉄道	横浜高速鉄道株式会社	神奈川県	2004(平成16)年	4.1キロ	1路線	6駅	P070
相模鉄道	相模鉄道株式会社	神奈川県	1917(大正 6)年	38.0キロ	3路線	26駅	P072
横浜シーサイドライン	株式会社横浜シーサイドライン	神奈川県	1989(平成元)年	10.8キロ	1路線	14駅	P072
横浜市営地下鉄	横浜市交通局	神奈川県	1972(昭和47)年	53.4キロ	2路線	40駅	P076
江ノ島電鉄	江ノ島電鉄株式会社	神奈川県	1902(明治35)年	10.0キロ	1路線	15駅	P078
湘南モノレール	湘南モノレール株式会社	神奈川県	1970(昭和45)年	6.6キロ	2路線	8駅	P076
箱根登山鉄道	箱根登山鉄道株式会社	神奈川県	1900(明治33)年	15.0キロ	2路線	16駅	P078
大山ケーブルカー	大山観光電鉄株式会社	神奈川県	1965(昭和40)年	0.8キロ	1路線	3駅	——
富士急行	富士急行株式会社	山梨県	1929(昭和 4)年	26.6キロ	2路線	18駅	P082
アルピコ交通	アルピコ交通株式会社	長野県	1921(大正10)年	14.4キロ	1路線	14駅	P082
しなの鉄道	しなの鉄道株式会社	長野県	1997(平成 9)年	102.4キロ	2路線	27駅	——
上田電鉄	上田電鉄株式会社	長野県	1918(大正 7)年	11.6キロ	1路線	15駅	P084
長野電鉄	長野電鉄株式会社	長野県	1926(大正15)年	33.2キロ	1路線	24駅	P086
えちごトキめき鉄道	えちごトキめき鉄道株式会社	新潟県	2015(平成27)年	97.0キロ	2路線	21駅	P086
北越急行	北越急行株式会社	新潟県	1997(平成 9)年	59.5キロ	1路線	12駅	P088
あいの風とやま鉄道	あいの風とやま鉄道株式会社	富山県	2015(平成27)年	100.1キロ	1路線	20駅	P088
富山地方鉄道	富山地方鉄道株式会社	富山県	1931(昭和 6)年	100.8キロ	6路線	92駅	P090
富山ライトレール	富山ライトレール株式会社	富山県	2006(平成18)年	7.6キロ	1路線	13駅	P091
黒部峡谷鉄道	黒部峡谷鉄道株式会社	富山県	1926(大正15)年	20.1キロ	1路線	4駅	——
立山黒部貫光	立山黒部貫光株式会社	富山県	1964(昭和39)年	※30.5キロ	——	※8駅	P092

※ 立山駅～黒部湖間。ケーブルカー、バス、ロープウェイなど、すべての駅を含む

万葉線	万葉線株式会社	富山県	2002(平成14)年	12.9キロ	2路線	25駅	P101
IRいしかわ鉄道	IRいしかわ鉄道株式会社	石川県	2015(平成27)年	17.8キロ	1路線	5駅	P096
のと鉄道	のと鉄道株式会社	石川県	1988(昭和63)年	33.1キロ	1路線	8駅	P101
北陸鉄道	北陸鉄道株式会社	石川県	1943(昭和18)年	20.6キロ	2路線	29駅	P094
えちぜん鉄道	えちぜん鉄道株式会社	福井県	2003(平成15)年	53.0キロ	2路線	44駅	P096
福井鉄道	福井鉄道株式会社	福井県	1945(昭和20)年	21.5キロ	1路線	25駅	P100
JR東海	東海旅客鉄道株式会社	関東・甲信・近畿地方	1987(昭和62)年	1970.8キロ	13路線	405駅	——
伊豆箱根鉄道	伊豆箱根鉄道株式会社	静岡県・神奈川県	1898(明治31)年	29.4キロ	2路線	25駅	P110
十国峠ケーブルカー	伊豆箱根鉄道株式会社	静岡県	1956(昭和31)年	0.32キロ	1路線	2駅	——
伊豆急行	伊豆急行株式会社	静岡県	1961(昭和36)年	45.7キロ	1路線	16駅	P110
岳南電車	岳南電車株式会社	静岡県	1949(昭和24)年	9.2キロ	1路線	10駅	P109
静岡鉄道	静岡鉄道株式会社	静岡県	1908(明治41)年	11.0キロ	1路線	15駅	P104
大井川鐵道	大井川鐵道株式会社	静岡県	1927(昭和 2)年	65.0キロ	2路線	32駅	P106
天竜浜名湖鉄道	天竜浜名湖鉄道株式会社	静岡県	1935(昭和10)年	67.7キロ	1路線	39駅	P108
遠州鉄道	遠州鉄道株式会社	静岡県	1943(昭和18)年	17.8キロ	1路線	18駅	P108
豊橋鉄道	豊橋鉄道株式会社	愛知県	1924(大正13)年	23.4キロ	2路線	30駅	P112
愛知環状鉄道	愛知環状鉄道株式会社	愛知県	1988(昭和63)年	45.3キロ	1路線	23駅	P111
リニモ	愛知高速交通株式会社	愛知県	2005(平成17)年	8.9キロ	1路線	9駅	P111
名古屋鉄道	名古屋鉄道株式会社	愛知県・岐阜県	1894(明治27)年	444.2キロ	20路線	275駅	P114
名古屋市営地下鉄	名古屋市交通局	愛知県	1957(昭和32)年	93.0キロ	6路線	87駅	P116
あおなみ線	名古屋臨海高速鉄道株式会社	愛知県	2004(平成16)年	15.2キロ	1路線	11駅	P118

通称(路線名)	社名	営業範囲	営業開始	営業キロ	路線数	駅数	本書掲載ページ
城北線	株式会社東海交通事業	愛知県	1991(平成 3)年	11.2キロ	1路線	6駅	P118
ゆとりーとライン	名古屋ガイドウェイバス株式会社	愛知県	2001(平成13)年	6.5キロ	1路線	9駅	P119
明知鉄道	明知鉄道株式会社	岐阜県	1985(昭和60)年	25.1キロ	1路線	11駅	P120
樽見鉄道	樽見鉄道株式会社	岐阜県	1984(昭和59)年	34.5キロ	1路線	19駅	P122
長良川鉄道	長良川鉄道株式会社	岐阜県	1986(昭和61)年	72.1キロ	1路線	38駅	P122
養老鉄道	養老鉄道株式会社	岐阜県・三重県	2007(平成19)年	57.5キロ	1路線	27駅	P123
三岐鉄道	三岐鉄道株式会社	三重県	1931(昭和 6)年	48.0キロ	3路線	29駅	P126
四日市あすなろう鉄道	四日市あすなろう鉄道株式会社	三重県	2015(平成27)年	7.0キロ	2路線	9駅	P126
伊勢鉄道	伊勢鉄道株式会社	三重県	1987(昭和62)年	22.3キロ	1路線	10駅	P124
伊賀鉄道	伊賀鉄道株式会社	三重県	1916(大正 5)年	16.6キロ	1路線	15駅	P125
JR西日本	西日本旅客鉄道株式会社	近畿・北陸・中国地方	1987(昭和62)年	4903.1キロ	51路線	1174駅	――
信楽高原鐵道	信楽高原鐵道株式会社	滋賀県	1987(昭和62)年	14.7キロ	1路線	6駅	P130
近江鉄道	近江鉄道株式会社	滋賀県	1898(明治31)年	59.5キロ	3路線	33駅	P130
坂本ケーブル	比叡山鉄道株式会社	滋賀県	1927(昭和 2)年	2.0キロ		4駅	――
京都市営地下鉄	京都市交通局	京都府	1981(昭和56)年	31.2キロ	2路線	31駅	P131
叡山電鉄	叡山電鉄株式会社	京都府	1925(大正14)年	14.4キロ	2路線	17駅	P131
鞍馬山ケーブル	鞍馬弘教総本山鞍馬寺	京都府	1957(昭和32)年	0.2キロ	1路線	2駅	――
京福電気鉄道	京福電気鉄道株式会社	京都府	1910(明治43)年	11.0キロ	2路線	22駅	P134
叡山ケーブル	京福電気鉄道株式会社	京都府	1925(大正14)年	1.3キロ	1路線	2駅	――
嵯峨野観光鉄道	嵯峨野観光鉄道株式会社	京都府	1991(平成 3)年	7.3キロ	1路線	4駅	P134
京都丹後鉄道	WILLER TRAINS株式会社	京都府・兵庫県	2015(平成27)年	114.0キロ	3路線	32駅	P132
天橋立ケーブルカー	丹後海陸交通株式会社	京都府	1951(昭和26)年	0.4キロ	1路線	2駅	――
京阪電車	京阪電気鉄道株式会社	大阪府・京都府・滋賀県	1910(明治43)年	※91.1キロ	※8路線	※89駅	P136
				※ 石清水八幡宮参道ケーブルを含む			
近鉄	近畿日本鉄道株式会社	大阪府・京都府・奈良県・三重県・愛知県	1944(昭和19)年	※501.1キロ	※23路線	※286駅	P138
				※ 西信貴ケーブル、生駒ケーブルを含む			
北大阪急行電鉄	北大阪急行電鉄株式会社	大阪府	1970(昭和45)年	5.9キロ	1路線	4駅	P144
Osaka Metro	大阪市高速電気軌道株式会社	大阪府	2018(平成30)年	137.8キロ	9路線	133駅	P146
大阪モノレール	大阪高速鉄道株式会社	大阪府	1990(平成 2)年	28.0キロ	2路線	18駅	P135
泉北高速鉄道	泉北高速鉄道株式会社	大阪府	1971(昭和46)年	14.3キロ	1路線	6駅	P162
阪堺電車	阪堺電気軌道株式会社	大阪府	1900(明治33)年	18.3キロ	2路線	40駅	P162
水間鉄道	水間鉄道株式会社	大阪府	1925(大正14)年	5.5キロ	1路線	10駅	P163
南海電鉄	南海電気鉄道株式会社	大阪府・和歌山県	1885(明治18)年	※154.8キロ	※8路線	※100駅	P159
				※ 高野山ケーブルを含む			
和歌山電鐵	和歌山電鐵株式会社	和歌山県	1916(大正 5)年	14.3キロ	1路線	14駅	P164
紀州鉄道	紀州鉄道株式会社	和歌山県	1931(昭和 6)年	2.7キロ	1路線	5駅	P165
阪急電鉄	阪急電鉄株式会社	大阪府・京都府・兵庫県	1910(明治43)年	140.8キロ	9路線	※87駅	P148
				※ 天神橋筋六丁目駅を含む			
阪神電気鉄道	阪神電気鉄道株式会社	大阪府・兵庫県	1905(明治38)年	48.9キロ	4路線	※51駅	P152
				※ 他社との共同使用駅2駅を含む			
能勢電鉄	能勢電鉄株式会社	兵庫県・大阪府	1913(大正 2)年	14.8キロ	2路線	15駅	P135
妙見の森ケーブル	能勢電鉄株式会社	兵庫県	1960(昭和35)年	0.6キロ	1路線	2駅	――
山陽電気鉄道	山陽電気鉄道株式会社	兵庫県	1910(明治43)年	63.2キロ	2路線	49駅	P154
神戸新交通	神戸新交通株式会社	兵庫県	1981(昭和56)年	15.3キロ	2路線	18駅	P158
神戸市営地下鉄	神戸市交通局	兵庫県	1977(昭和52)年	30.6キロ	2路線	26駅	P156
北神急行電鉄	北神急行電鉄株式会社	兵庫県	1988(昭和63)年	7.5キロ	1路線	2駅	P156
神戸電鉄	神戸電鉄株式会社	兵庫県	1928(昭和 3)年	69.6キロ	5路線	47駅	P158
北条鉄道	北条鉄道株式会社	兵庫県	1985(昭和60)年	13.6キロ	1路線	8駅	P154
六甲ケーブル	六甲山観光株式会社	兵庫県	1932(昭和 7)年	1.7キロ	1路線	2駅	――
摩耶ケーブル	一般財団法人 神戸すまいまちづくり公社	兵庫県	1925(大正14)年	0.9キロ	1路線	2駅	――
智頭急行	智頭急行株式会社	兵庫県・岡山県・鳥取県	1986(昭和61)年	56.1キロ	1路線	14駅	P168
若桜鉄道	若桜鉄道株式会社	鳥取県	1987(昭和62)年	19.2キロ	1路線	8駅	P174
一畑電車	一畑電車株式会社	島根県	1914(大正 3)年	42.2キロ	2路線	26駅	P187
水島臨海鉄道	水島臨海鉄道株式会社	岡山県	1970(昭和45)年	10.4キロ	1路線	10駅	P175
岡山電気軌道	岡山電気軌道株式会社	岡山県	1912(明治45)年	4.7キロ	2路線	16駅	P172
井原鉄道	井原鉄道株式会社	岡山県・広島県	1999(平成11)年	41.7キロ	1路線	15駅	P170

通称(路線名)	社名	営業範囲	営業開始	営業キロ	路線数	駅数	本書掲載ページ
アストラムライン	広島高速交通株式会社	広島県	1994(平成 6)年	18.4キロ	1路線	22駅	P188
広島電鉄	広島電鉄株式会社	広島県	1912(大正元)年	35.1キロ	7路線	82駅	P176
スカイレール	スカイレールサービス株式会社	広島県	1998(平成10)年	1.3キロ	1路線	3駅	
錦川鉄道	錦川鉄道株式会社	山口県	1987(昭和62)年	32.7キロ	1路線	13駅	P186
JR四国	四国旅客鉄道株式会社	四国地方	1987(昭和62)年	855.2キロ	11路線	259駅	P178
ことでん	高松琴平電気鉄道株式会社	香川県	1943(昭和18)年	60.0キロ	3路線	52駅	P180
八栗ケーブル	四国ケーブル株式会社	香川県	1964(昭和39)年	0.68キロ	1路線	2駅	——
阿佐海岸鉄道	阿佐海岸鉄道株式会社	徳島県・高知県	1992(平成 4)年	8.5キロ	1路線	3駅	
土佐くろしお鉄道	土佐くろしお鉄道株式会社	高知県	1986(昭和61)年	109.3キロ	3路線	43駅	P182
とさでん	とさでん交通株式会社	高知県	1904(明治37)年	25.3キロ	4路線	76駅	P184
伊予鉄道	伊予鉄道株式会社	愛媛県	1888(明治21)年	43.5キロ	8路線	63駅	P186
JR九州	九州旅客鉄道株式会社	九州地方	1987(昭和62)年	2273.0キロ	22路線	568駅	P192
平成筑豊鉄道	平成筑豊鉄道株式会社	福岡県	1989(平成元)年	49.2キロ	3路線	36駅	P194
北九州モノレール	北九州高速鉄道株式会社	福岡県	1985(昭和60)年	8.8キロ	1路線	13駅	P194
福岡市地下鉄	福岡市交通局	福岡県	1981(昭和56)年	29.8キロ	3路線	35駅	P196
筑豊電気鉄道	筑豊電気鉄道株式会社	福岡県	1956(昭和31)年	16.0キロ	1路線	21駅	P195
西日本鉄道	西日本鉄道株式会社	福岡県	1942(昭和17)年	106.1キロ	4路線	72駅	——
甘木鉄道	甘木鉄道株式会社	福岡県	1986(昭和61)年	13.7キロ	1路線	11駅	P202
皿倉山ケーブルカー	皿倉登山鉄道株式会社	福岡県	1957(昭和32)年	1.1キロ	1路線	2駅	——
松浦鉄道	松浦鉄道株式会社	長崎県・佐賀県	1988(昭和63)年	93.8キロ	1路線	57駅	P198
長崎電気軌道	長崎電気軌道株式会社	長崎県	1915(大正 4)年	11.5キロ	4路線	39駅	P200
島原鉄道	島原鉄道株式会社	長崎県	1911(明治44)年	43.2キロ	1路線	24駅	P202
別府ラクテンチケーブルカー	株式会社ラクテンチ	大分県	1929(昭和 4)年	0.26キロ	1路線	2駅	
熊本電気鉄道	熊本電気鉄道株式会社	熊本県	1911(明治44)年	13.1キロ	2路線	18駅	P203
熊本市電	熊本市交通局	熊本県	1924(大正13)年	12.09キロ	2路線	35駅	P204
くま川鉄道	くま川鉄道株式会社	熊本県	1989(平成元)年	24.9キロ	1路線	14駅	——
南阿蘇鉄道	南阿蘇鉄道株式会社	熊本県	1986(昭和61)年	17.7キロ	1路線	※10駅	——

※2020年1月現在、運行している駅は5駅

通称(路線名)	社名	営業範囲	営業開始	営業キロ	路線数	駅数	本書掲載ページ
肥薩おれんじ鉄道	肥薩おれんじ鉄道株式会社	熊本県・鹿児島県	2004(平成16)年	116.9キロ	1路線	28駅	P206
鹿児島市電	鹿児島市交通局	鹿児島県	1912(大正元)年	13.1キロ	2路線	35駅	P207
ゆいレール	沖縄都市モノレール株式会社	沖縄県	2003(平成15)年	17.0キロ	1路線	19駅	P207

RAILWAY DATA LIST IN JAPAN

掲載協力会社 ※五十音順

IGRいわて銀河鉄道株式会社
IRいしかわ鉄道株式会社
WILLER TRAINS株式会社
愛知環状鉄道株式会社
愛知高速交通株式会社
会津鉄道株式会社
あいの風とやま鉄道株式会社
青い森鉄道株式会社
秋田内陸縦貫鉄道株式会社
明知鉄道株式会社
阿武隈急行株式会社
甘木鉄道株式会社
アルピコ交通株式会社
伊賀鉄道株式会社
伊豆急行株式会社
伊豆箱根鉄道株式会社
いすみ鉄道株式会社
伊勢鉄道株式会社
一畑電車株式会社
井原鉄道株式会社
伊予鉄道株式会社
上田電鉄株式会社
叡山電鉄株式会社
えちごトキめき鉄道株式会社
えちぜん鉄道株式会社
江ノ島電鉄株式会社
遠州鉄道株式会社
近江鉄道株式会社
大井川鐵道株式会社
大阪高速鉄道株式会社
大阪市高速電気軌道株式会社
岡山電気軌道株式会社
沖縄都市モノレール株式会社
小田急電鉄株式会社
岳南電車株式会社
鹿児島市交通局
鹿島臨海鉄道株式会社
関東鉄道株式会社
紀州鉄道株式会社
北大阪急行電鉄株式会社
北九州高速鉄道株式会社
九州旅客鉄道株式会社
京都市交通局
近畿日本鉄道株式会社
熊本市交通局
熊本電気鉄道株式会社
京王電鉄株式会社
京成電鉄株式会社
京阪電気鉄道株式会社

京浜急行電鉄株式会社
京福電気鉄道株式会社
弘南鉄道株式会社
神戸市交通局
神戸新交通株式会社
神戸電鉄株式会社
埼玉高速鉄道株式会社
埼玉新都市交通株式会社
嵯峨野観光鉄道株式会社
相模鉄道株式会社
札幌市交通局
三岐鉄道株式会社
山陽電気鉄道株式会社
三陸鉄道株式会社
信楽高原鐵道株式会社
四国旅客鉄道株式会社
静岡鉄道株式会社
島原鉄道株式会社
首都圏新都市鉄道株式会社
上信電鉄株式会社
湘南モノレール株式会社
新京成電鉄株式会社
西武鉄道株式会社
仙台空港鉄道株式会社
仙台市交通局
泉北高速鉄道株式会社
高松琴平電気鉄道株式会社
立山黒部貫光株式会社
多摩都市モノレール株式会社
樽見鉄道株式会社
筑豊電気鉄道株式会社
智頭急行株式会社
秩父鉄道株式会社
千葉都市モノレール株式会社
銚子電気鉄道株式会社
津軽鉄道株式会社
天竜浜名湖鉄道株式会社
株式会社東海交通事業
東急電鉄株式会社
東京地下鉄株式会社
東京都交通局
東京臨海高速鉄道株式会社
道南いさりび鉄道株式会社
東武鉄道株式会社
東葉高速鉄道株式会社
土佐くろしお鉄道株式会社
とさでん交通株式会社
富山地方鉄道株式会社
富山ライトレール株式会社

豊橋鉄道株式会社
長崎電気軌道株式会社
長野電鉄株式会社
長良川鉄道株式会社
名古屋ガイドウェイバス株式会社
名古屋市交通局
名古屋鉄道株式会社
名古屋臨海高速鉄道株式会社
南海電気鉄道株式会社
錦川鉄道株式会社
能勢電鉄株式会社
のと鉄道株式会社
函館市企業局交通部
箱根登山鉄道株式会社
阪堺電気軌道株式会社
阪急電鉄株式会社
阪神電気鉄道株式会社
肥薩おれんじ鉄道株式会社
ひたちなか海浜鉄道株式会社
広島高速交通株式会社
広島電鉄株式会社
福井鉄道株式会社
福岡市交通局
福島交通株式会社
富士急行株式会社
平成筑豊鉄道株式会社
北条鉄道株式会社
北越急行株式会社
北陸鉄道株式会社
北海道旅客鉄道株式会社
松浦鉄道株式会社
万葉線株式会社
水島臨海鉄道株式会社
水間鉄道株式会社
真岡鐵道株式会社
野岩鉄道株式会社
山形鉄道株式会社
山万株式会社
株式会社ゆりかもめ
由利高原鉄道株式会社
養老鉄道株式会社
横浜高速鉄道株式会社
株式会社横浜シーサイドライン
横浜市交通局
四日市あすなろう鉄道株式会社
流鉄株式会社
若桜鉄道株式会社
和歌山電鐵株式会社
わたらせ渓谷鐵道株式会社

→ PROFILE 著者プロフィール

宮田珠己　みやた・たまき

1964年兵庫県生まれ。エッセイスト、ライター。主に、旅や散歩、レジャー、本に関する著作を執筆。『東京近郊スペクタクルさんぽ』(新潮社)、『無脊椎水族館』(本の雑誌社)、『いい感じの石ころを拾いに』(中央公論新社)など著書多数。

🐦 @John_Mandeville
https://note.mu/miyatatamaki

井上マサキ　いのうえ・まさき

1975年宮城県生まれ。ライター。「エキレビ!」「デイリーポータルZ」などインターネット媒体のほか、コーポレートサイトや企業広報など幅広く執筆。また「路線図マニア」としてイベント登壇やメディア出演など精力的に活動。著書に『たのしい路線図』(共著/グラフィック社)。

🐦 @inomsk
https://note.com/ino

西村まさゆき　にしむら・まさゆき

1975年鳥取県生まれ。ライター。「デイリーポータルZ」はじめ主にインターネット媒体で路線図、地図、地名、県境などの地理ジャンルを中心に記事を執筆。著書に『たのしい路線図』(共著/グラフィック社)、『「ファミマ入店音」の正式タイトルは「大盛況」に決まりました。』(笠倉出版社)、『ふしぎな県境』(中央公論新社)。

🐦 @tokyo26

電車に乗って旅をしていると、もしここで生まれたらどんな人生だったんだろうなあ、と考えることがよくある。あるいは、今もしここに引っ越すことになったらどんな生活をするんだろう、とか。遠い土地の路線図を眺めるときも同じだ。もし自分がこの路線で暮らしていたら……なんて。私が路線図を好きなのは、旅の気分が味わえるからだと思う。ぜひ、皆さんにも、この本で旅を味わってほしいと思います。

まるで全校生徒を体育館に集めたかのように、全国の路線図が一堂に会した。生徒たちそれぞれに個性があるように、路線図にもそれぞれに個性がある。駅と駅のつながりを示すという共通の目的がありながら、多様なデザインが現れるところに路線図の魅力があるのだ。快く許諾いただいた鉄道事業者様、素敵な誌面を作り上げてくれた石川さん、携わったすべての皆様に感謝いたします。

おもうぞんぶん、路線図をながめたい。全国の鉄道路線図が一冊にまとまっている本がほしい、でも、そんな本あるわけないな……と、5年ほど前までは思っていました。しかし、今こうやって路線図をあつめた本が出せることになったのは、ひとえに、皆様のご協力がなければ成立しませんでした。本当にありがたいことです。自分でも3冊ぐらい買って、いろんな種類の路線図を眺め倒したいと思います。

参考文献

全国鉄道路線大全 2019-2020 (イカロス出版)
日本鉄道旅行歴史地図帳シリーズ (日本鉄道旅行地図帳編集部編/新潮社)
日本鉄道旅行地図帳シリーズ (今尾恵介監修/新潮社)
世界の美しい地下鉄マップ (オーブンデン・マーク著/鈴木和博訳/日経ナショナルジオグラフィック社)
たのしい路線図 (井上マサキ・西村まさゆき著/グラフィック社)

日 本 の 路 線 図

2020年4月1日 第1刷発行
2023年11月10日 第7刷発行

著　　者　宮田珠己
　　　　　井上マサキ
　　　　　西村まさゆき

デ ザ イ ン　石川祐基（デザイン急行株式会社）
　　　　　平尾典久（amgdo）

写　　真　宮田珠己
　　　　　井上マサキ
　　　　　西村まさゆき
　　　　　石川祐基

協　　力　ひまわりデザイン研究所
　　　　　https://47rail.jp

発 行 人　塩見正孝

発 行 所　三才ブックス
　　　　　〒101-0041 東京都千代田区神田須田町2-6-5 OS'85ビル
　　　　　TEL 03-3255-7995

印刷・製本　図書印刷株式会社